0, 1, 1, 2, 3, 5, 8, 13, 21, 34, 55, 81

汽车类专

U0597237

宝马车系

45.57. RF5.10 整车检测实训工单

AR 版

何扬◎主编

叶永辉 王冠男 罗平州◎副主编

李东江 孙健◎主审

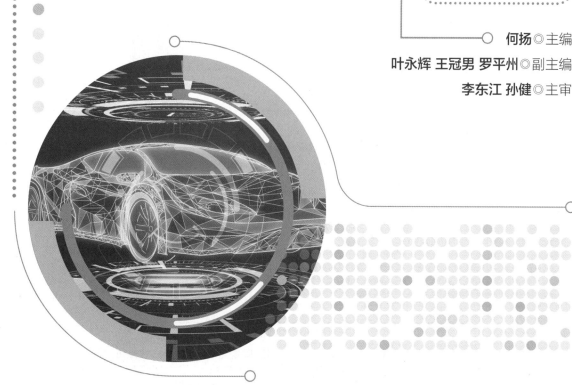

人民邮电出版社

北 京

图书在版编目（ＣＩＰ）数据

宝马车系整车检测实训工单：AR版 / 何扬主编. --
北京 ：人民邮电出版社，2023.7
汽车类专业人才培养系列教材
ISBN 978-7-115-59788-5

Ⅰ．①宝… Ⅱ．①何… Ⅲ．①汽车－车辆修理－教材
Ⅳ．①U472

中国版本图书馆CIP数据核字(2022)第136448号

内 容 提 要

　　本书是宝马车系整车检测的实训工单，主要内容包括宝马汽车认知，故障诊断系统及专业工具的使用，发动机系统、底盘系统和电气系统的维护与保养等。这些教学内容在相关院校的实训教学过程中得到了多次验证，取得了较好的教学效果。本书的实训操作都配有基于 AR 技术的立体化资源，读者可以观看视频、在线答题及查看答案。

　　本书既可以作为职业院校汽车类专业同类课程的实训教材，也可以作为企业职工培训（或自学者学习）的辅助教学参考书。

◆ 主　编　何　扬
　　副主编　叶永辉　王冠男　罗平州
　　主　审　李东江　孙　健
　　责任编辑　王丽美
　　责任印制　王　郁　焦志炜
◆ 人民邮电出版社出版发行　　北京市丰台区成寿寺路 11 号
　　邮编　100164　电子邮件　315@ptpress.com.cn
　　网址　https://www.ptpress.com.cn
　　天津千鹤文化传播有限公司印刷
◆ 开本：787×1092　1/16
　　印张：15.5　　　　　　　　2023 年 7 月第 1 版
　　字数：367 千字　　　　　　2023 年 7 月天津第 1 次印刷

定价：49.80 元
读者服务热线：(010)81055256　印装质量热线：(010)81055316
反盗版热线：(010)81055315
广告经营许可证：京东市监广登字 20170147 号

专 家 委 员 会

前言

汽车的未来在于电动化、智能化、网联化、共享化。未来汽车后市场时代，不再是简单的维修和保养，更多的是服务。优质的服务需要维修人员拥有丰富的知识储备和专业的操作技能。知识让我们的技能更具有含金量。然而，同样的服务，同样的技能，常出现不同的结果，差异在哪里？差异在于规范。规范存在于工作的每一个细节中，以及每一个服务过程中。

正如党的二十大报告所要求"构建优质高效的服务业新体系，推动现代服务业同先进制造业、现代农业深度融合。"只有这样，才能构建汽车从制造到服务全过程的服务标准和规范，形成具有中国特色的汽车工业体系与标准。

要贯彻党的二十大报告中"深入实施人才强国战略。培养造就大批德才兼备的高素质人才，是国家和民族长远发展大计。功以才成，业由才广。"努力培养造就更多大师和卓越工程师、大国工匠、高技能人才。

万通汽车教育研究院编写的汽车检测与维修技术专业的系列实训工单第二期共3本，主要针对"宝马车系整车检测""奥迪车系整车检测""奔驰车系整车检测"这3门基础核心课程。同时还提供了以正常行驶里程数为主线的汽车快修快保服务所涉及的24个项目教学中所配套的全部实训工单。全程体现了各专业课程实训环节操作的标准化和流程的规范性。

本书共20个项目，40个任务。全书按照理论知识问答、实训操作、专业考核评分表3部分设计了上述课程的实训环节。本书内容在相关院校的实训教学过程中经过了多次验证、修改和完善。

本书由 AR 展示、在线互动知识及后台大数据测评系统（专利号：201810230606.2）支撑。本书在大部分实训操作任务开始前设置了"操作步骤演示"栏目，提供了基于 AR 技术的多媒体图片。读者打开"智慧书"App［登录人邮教育社区（www.ryjiaoyu.com）获取下载链接］，扫描"操作步骤演示"中的多媒体图片即可观看相应内容的短视频，并可进行在线答题及查看答案。

实训就是在相应设备上验证所学的理论知识，在这个验证过程中的每一个环节都需要按照工单所规定的要求、步骤、规范、标准进行操作。除专业内容之外，本书还包括安全防护、工具准备、环境卫生等 6S 管理方面的内容。通过对本书的学习，读者能够在掌握基本技能的同时，学会全流程的规范服务与操作。

　　本书由万通汽车教育研究院何扬任主编，叶永辉、王冠男、罗平州任副主编，《汽车维护与修理》杂志主编李东江和南京市建邺区帕博汽车服务中心总经理孙健任主审。刘罕、朱雯、吴阳、李春霖负责视频创作。多所万通汽车院校教师参与审校，具体人员见专家委员会名单。

　　由于编者水平有限，书中若有疏漏与不足之处，敬请读者予以指正。

万通汽车教育研究院

2022 年 12 月

目录

实训项目一 宝马（BMW）充电系统认知

任务一　宝马（BMW）品牌认知

_____学时

班级：	组别：	姓名：	掌握程度： □优　□良　□及格　□不及格

一、工作任务

1. 了解宝马（BMW）品牌。

2. 掌握车架号、车型标识、底盘号的含义。

3. 掌握 BMW 充电系统电源的检测和更换方法。

二、任务认知

（1）宝马（BMW）品牌历史。宝马（BMW）是享誉世界的豪华汽车品牌，宝马公司全称为巴伐利亚发动机制造厂股份有限公司，是_____国一家世界知名的_____制造商，总部位于慕尼黑。早年在中国被称为_____汽车制造商，后期改名为"宝马"。

宝马车标演变过程如图 1-1 所示，2020 年，宝马车标由三维设计改为二维设计，如图 1-2 所示。

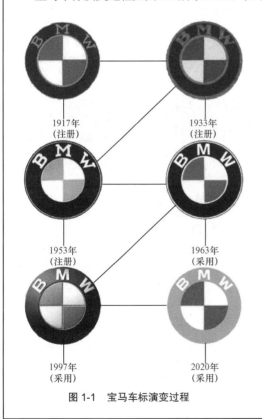

图 1-1　宝马车标演变过程

（a）三维车标　　（b）二维车标

图 1-2　原三维车标设计成二维车标（2020 年）

（2）BMW 旗下附属车系。

① 劳斯莱斯（Rolls-Royce），车型有_____特、_____影、_____影、_____影等，又称罗尔斯–罗伊斯，是超豪华汽车厂商，出产的轿车是顶级汽车的杰出代表，以其豪华而享誉全球，是欧美汽车的主要代表之一。_____年，劳斯莱斯汽车公司被宝马（BMW）接手。其车标如图 1-3 所示。请写出图 1-4 所示的车型名称。

图 1-3　劳斯莱斯车标

图 1-4　_____车型

② MINI 系列。该系列车型有_____等。Mini 是由英国汽车公司（BMC）推出后被宝马公司持有的一个汽车品牌，该汽车品牌生产的是一款风靡全球、个性十足的小型两厢车，_____年，Mini 品牌的新持有者宝马（BMW）宣布推出 Mini 的继承车款，并将新车的品牌定为 MINI（全为大写英文字母）。其车标和车型示例如图 1-5 和图 1-6 所示。

图 1-5　MINI 车标

图 1-6　MINI 品牌车型

③ BMW 旗下的小轿车有_____、_____、_____、_____、_____等系列；SUV 车型有_____、_____、_____、_____等系列；电动汽车有_____、_____等系列；摩托车有_____、_____、_____等系列。

三、车架号、底盘号、汽车尾部标识的含义

（1）BMW 车架号在风窗玻璃前面_____、_____。

（2）BMW 的底盘号从 1968 年开始以 E 开头，在 2008 年转变为沿用至今的 F×× 编号。以宝马 3 系底盘号 F35 为例，对应的车型最常见的为_____版本。习惯上称现行的宝马 3 系底盘为 F3×，×的数字可以判断它是哪种款式。例如，F30 为标准轴距的宝马 3 系；F31

是_____；但是也有例外，比如 F32 为宝马 4 系_____，它也是基于 3 系底盘研发的 Coupe（跑车）版本；F33 是 4 系_____。

（3）BMW 尾部一般有车系、发动机版本和驱动形式的标识。

① 车系、发动机版本。如图 1-7 所示的宝马 116i，其中第一个 1 代表宝马_____车型，16 代表采用_____发动机，i 代表_____。有的宝马尾部车型标识中还有字母 L，代表_____；国外有的宝马车型标识还有字母 D，代表_____发动机。

② 驱动形式标识，如图 1-8 所示。sDrive 标识代表_____，主要出现在宝马_____与_____车身上；xDrive（见图 1-8）指的是_____系统。xDrive 系统根据道路情况的变化不断改变_____的分配，向_____传输各自所需要的扭矩，默认状态下前、后扭矩分配比例为_____：_____，前、后扭矩分配比例的最大范围为____：____～____：____。该系统还不断与动态稳定系统（DSC）交换信息，从而可以从一开始就识别到车轮打滑。扭矩分配可以在_____s 内完成。

图 1-7　宝马 116i

图 1-8　驱动形式标识

任务二　汽车供电电源的检测和更换

_____学时

班级：	组别：	姓名：	掌握程度： □优　□良　□及格　□不及格
实训目的	掌握宝马汽车电源的安装位置，熟悉电源检测及更换操作流程。		
安全注意 事项	注意设备及个人安全防护，规范操作。		
教学组织	每辆车安排6位学员（组长1人、主修1人、辅修1人、观察员1人、评分1人、质检1人）作业，循环操作。		
操作步骤 演示	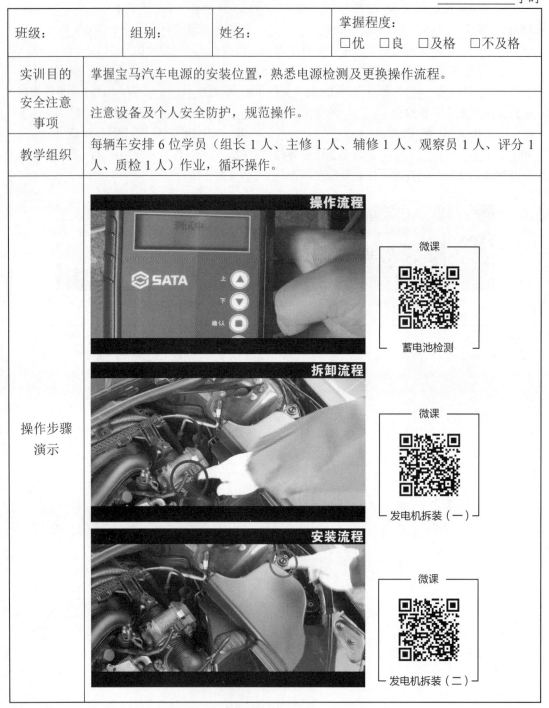		

任务	作业记录内容　☑ 正确　　☒ 错误
前期准备	☐ 1. 护具——整车防护七件套（车外三件套——前翼子板垫/左右翼子板垫，车内四件套——转向盘套/脚垫/座椅套/变速器操作杆套），如图1-9和图1-10所示。 前翼子板垫　左右翼子板垫 转向盘套　座椅套 脚垫　变速器操作杆套 ☐ 图1-9　车外三件套　　　　☐ 图1-10　车内四件套 ☐ 2. 工具——车辆（本实训任务以宝马3系F30为例）、世达工具（见图1-11）、蓄电池检测仪（见图1-12）、高压气源装置（一般实训室均有配置）、毛巾等。 ☐ 图1-11　世达工具　　　　☐ 图1-12　蓄电池检测仪
安全检查	☐ 1. 检查车辆驻车制动器是否处于制动状态，变速器挡位是否处于空挡位置。 ☐ 2. 在车辆前后放置车轮挡块。 ☐ 3. 使用车辆前，检查车辆或台架周围是否存在安全隐患。 注意：实训过程中若有异常或异响，应立即停止当前作业并及时向老师汇报，不得擅自处理。
防护工作	人身防护如图1-13所示。车身防护如图1-14所示。车内防护如图1-15所示。 注意：安全防护要到位。 ☐ 图1-13　人身防护　　☐ 图1-14　车身防护　　☐ 图1-15　车内防护

操作流程	**一、操作步骤** **步骤一　查找并检测蓄电池** □ 1．根据维修手册，判断蓄电池位置在行李箱的右侧。图 1-16 中圆圈圈出之处即为蓄电池的安装位置。  □ 图 1-16　蓄电池的安装位置 □ 2．打开行李箱，找到右边装饰板（见图 1-17），即为蓄电池安装位置。  □ 图 1-17　行李箱中蓄电池的位置 □ 3．拆卸相应的装饰板和盖板。 □ 4．如图 1-18 所示，检查蓄电池的连接极桩是否松动，使用蓄电池检测仪检测蓄电池电压（_____V），判断蓄电池技术状况是_____，应如何处理：_____（正常无须处理/充电/更换蓄电池）。 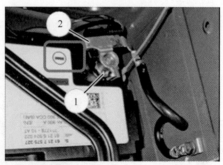 1—桩头与极桩的坚固螺栓；2—电缆线与桩头连接板 □ 图 1-18　BMW 蓄电池

操作流程	**步骤二　发电机位置认知及拆卸准备工作** □ 1．根据维修手册可知，拆卸发电机前，应先断电再进行后面的操作。 □ 2．断开蓄电池的连接：先找到标注"−"的负极桩，松开紧固螺栓 1，卸下桩头，如图 1-18 所示。 □ 3．拆下空气流量计，如图 1-19 所示。先松脱热膜式空气流量计的插头 1，再松开夹箍 2，即可将空气流量计拆下。 □ 4．拆下进气滤芯壳，如图 1-20 所示。先松脱进气滤芯壳的拉线 2，然后将进气滤芯壳 3 向上从橡胶支座 1 中拔出并拆下。 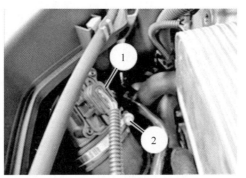 1—热膜式空气流量计的插头；2—夹箍 □ 图 1-19　拆下空气流量计 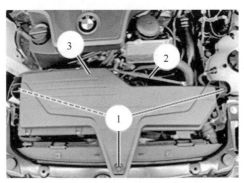 1—橡胶支座；2—拉线；3—进气滤芯壳 □ 图 1-20　拆下进气滤芯壳 □ 5．拆下上部进气管道（纯空气管道），如图 1-21 所示。首先松开夹箍 1，然后将冷却液软管 2 从纯空气管道 3 上松开，最后将纯空气管道 3 向上拆下。 □ 6．在发动机前面左上方，找到发电机 4，如图 1-22 所示。 □ 7．如图 1-22 所示，先用手指将传动皮带 3 转动 90°，判断发电机皮带是否松动。（具体操作请参考《汽车发动机机械系统检修实训工单（AR 版）》） **步骤三　拆装发电机** □ 1．松开张紧轮 1 的固定螺栓 2，按图 1-22 所示箭头方向，卸下传动皮带 3。

□ 2．松开发电机的固定支架，取下发电机。

□ 3．安装时，按后拆先装、先拆后装的顺序将发电机、传动皮带、张紧轮、上部进气管道、进气滤芯壳、空气流量计安装到位。

□ 4．安装蓄电池负极，恢复行李箱的装饰板。

□ 5．打扫和整理实训车辆和实训场地。

操作流程

1—夹箍；2—冷却液软管；3—纯空气管道

□ 图 1-21　拆下上部进气管道

1—张紧轮；2—固定螺栓；
3—传动皮带；4—发电机

□ 图 1-22　发电机的位置

二、注意事项

□ 1．插拔线束插头时，注意检查是否出现断针或安插不到位的现象。

□ 2．注意进气管道的拆装先后顺序。

□ 3．注意用毛巾覆盖进气口，防止异物掉落。

□ 4．各部件安装力矩必须符合维修手册的要求。

□ 5．安装发电机前，需用高压气将发动机舱吹净并清洁。

三、技术要求

□ 1．安装时按照进气管道、进气滤芯壳、空气流量计的顺序进行操作。

□ 2．进气管道夹箍螺钉的拧紧力矩为 8N·m。

□ 3．安装塑料、橡胶件时可以适当进行润滑。

操作流程	□ 4．操作全程注意个人防护与6S（整理、整顿、清扫、清洁、素养、安全）管理。 □ 5．按照工单流程规范操作。	
质检验收	□ 起动发动机，检查发动机是否能正常起动。	是□ 否□
	□ 同实训老师试车确认。	是□ 否□
	□ 检查仪表盘上充电指示灯是否有报警。	是□ 否□
	□ 与实训工单对照检查项目是否完成。	是□ 否□
	□ 实训结束，检查工具、设备是否遗漏在车上。	是□ 否□
检查与评估		
6S管理规范 （教师点评）	□ 整理　□ 整顿　□ 清扫　□ 清洁　□ 素养　□ 安全	
成绩评定 （学生总结）	小组对本人的评定：□ 优　□ 良　□ 及格　□ 不及格 学生本次任务成绩：□ 优　□ 良　□ 及格　□ 不及格	

专业考核评分表——汽车供电电源的检测和更换

班级：		组别：	组长：		日期：	
技术标准： 发电机的拆装流程						
序号	作业项目	考核内容	考核标准	分值	扣分	得分
1	准备环节	车身防护（七件套）	错误1次扣1分	5		
2		正确选用与使用工具	用错1次扣1分	5		
3	蓄电池查找和检测、发电机的查找和拆装	蓄电池安装位置认知	按照流程规范检测，错1次扣2分	20		
4		打开行李箱，找到蓄电池位置				
5		检测蓄电池的状态				
6		拆下蓄电池的负极端	按照流程规范查找与拆装，错1次扣2分	40		
7		拆下空气流量计				
8		拆下进气滤芯壳				
9		拆下上部进气管道				
10		查找发电机位置并拆下		20		
11		按与拆卸相反的顺序将各部件装回				
12	项目实训时间		0~20min　　　10分 >20~25 min　　5分 >25 min　　　0分	10		
质检员：		评分员：		合计得分		
教师点评： 团队合作：优秀 □　良好 □　及格 □　　　　分工明确：优秀 □　良好 □　及格 □ 专业标准：优秀 □　良好 □　及格 □　　　　操作规范：优秀 □　良好 □　及格 □						
教师签字：				年　　月　　日		

注：实训未按规范操作，导致出现设备损坏或人身伤害，本次考核记0分。

任务一 ISTA 诊断软件认知

_____学时

班级：	组别：	姓名：	掌握程度： □优　□良　□及格　□不及格

一、工作任务

1. 熟悉宝马（BMW）检测系统（ISTA）的诊断软件。

2. 学会运用 ISTA 读取、分析、诊断、排除宝马汽车的典型故障。

二、任务认知

1. ISTA 诊断软件的认知

（1）ISTA 诊断软件有着很强的检测及查询等功能，如读取故障码、_____、

_____、_____、_____、引导性功能等。

（2）ISTA 是 BMW 车系的检测专用软件，除此之外它还可以检测宝马集团旗下的 MINI

（迷你）、_____ 等车系。

（3）图 2-1 所示的图标中序号_____是 ISTA 诊断软件。

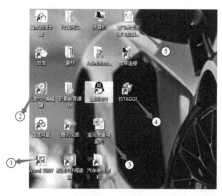

图 2-1　图标

写出 ISTA 诊断软件界面中各图标的作用，如图 2-2 所示。

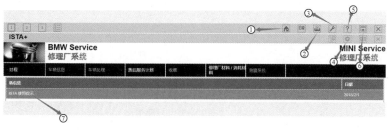

图 2-2　ISTA 诊断软件界面

①＿＿＿＿＿＿＿，②＿＿＿＿＿＿＿，③＿＿＿＿＿＿＿，④ISTA 系统设置，⑤ISTA 系统帮助，⑥＿＿＿＿＿＿＿，⑦ISTA 使用提示。

2．ISTA 诊断软件的操作

（1）ISTA 诊断软件与车辆数据的连接，可以通过以下 3 种方式：①车辆识别号（VIN）、②＿＿＿＿＿＿＿、③基本特性，如图 2-3 所示。

（2）宝马（BMW）汽车的车辆识别号一般位于汽车的＿＿＿＿＿＿＿、发动机舱、＿＿＿＿＿＿＿等位置。

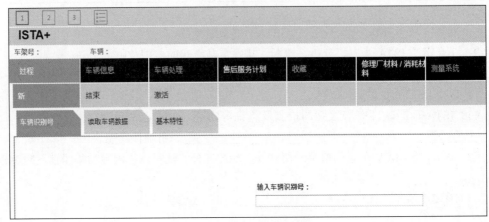

图 2-3　ISTA 诊断软件的操作

（3）如果用车辆识别号进入系统，则应输入车辆识别号的后＿＿＿＿＿位。

（4）进入 ISTA 诊断软件后，"车辆信息"中的"车辆细节"界面可以告诉我们的信息有：＿＿＿＿＿、＿＿＿＿＿、＿＿＿＿＿、＿＿＿＿＿、＿＿＿＿＿、＿＿＿＿＿、驾驶形式等，如图 2-4 所示。

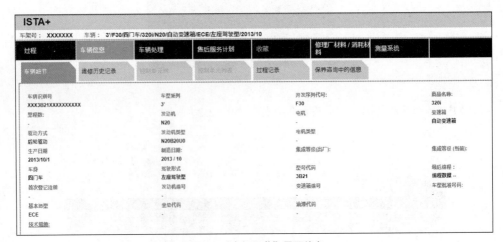

图 2-4　"车辆细节"界面信息

□ 案例分享 □

━━━━━━━ 【故障现象】 ━━━━━━━

一辆 2010 年产美规宝马 X5 3.5L 运动型多功能车,搭载 N55 型发动机,行驶里程为 4 万 km。车主反映该车近来发动机故障灯经常点亮。

━━━━━━━ 【故障诊断】 ━━━━━━━

维修人员通过 ISTA 诊断软件检测发动机控制单元（ECU）,立即查到了导致发动机故障灯点亮的故障码及故障码形成时的相关数据。由记录的数据可以看出,故障一共出现过 2 次。从故障出现时蓄电池电压较低及发动机转速较高的特点上看,记录故障时的状态应该是发动机起动不久,尚处于冷车高怠速阶段。

发动机起动后,当冷却液温度升高到 40℃ 时,燃油蒸气净化系统开始其第 1 个燃油蒸气清理阶段。在此阶段,发动机控制单元按照与发动机运行状态相匹配的流量控制燃油蒸气吹洗电磁阀开启 170s,其目的是利用新鲜空气将活性炭罐中吸附的燃油蒸气吹入发动机的进气系统。由于这部分燃油蒸气的进入势必使空燃比发生改变,因此发动机的喷油量必须做出相应的调整。

当第 1 个燃油蒸气清理阶段结束,燃油蒸气吹洗电磁阀关闭后,发动机控制单元立即进入喷油量调整阶段。这一过程是在发动机处于怠速、低负荷或中负荷条件下进行的。第 1 个清理和调整阶段结束后,紧接着进入第 2 个清理和调整阶段,如此循环。

根据以上燃油蒸气净化系统的工作特点分析,故障发生时该系统应处于其第 1 个调整阶段。

按照一般的规律,在上述的第 1 个调整阶段中,吹入发动机进气系统的燃油量应该是最多的。但从故障出现时发动机控制单元记录的数据来看,此时混合气不仅没有偏浓的趋势,反而是偏稀的。分析原因存在两种可能性:其一是燃油箱存在泄漏;其二是活性炭罐失效。

该车设有燃油箱泄漏诊断单元,它在发动机熄火后,可自动地对燃油箱的密封性进行检测。其检测过程是,诊断单元中的诊断泵通过一个直径为 0.5mm 的量孔从外界抽取新鲜空气,并将驱动诊断泵所需的电流作为参数存储至控制单元。经过控制单元的分析,如果发现电流值过低,则可判定为燃油箱存在泄漏。读取燃油箱密封性检测结果,未见泄漏。

推测如果活性炭罐失效无法吸附燃油,那么当新鲜空气吹入后,将没有燃油蒸气进入进气系统。这一推测恰与故障出现时发动机控制单元记录的数据相符。将活性炭罐的管路插接器脱开后试车,果然出现了同样的故障码。

━━━━━━━ 【故障排除】 ━━━━━━━

彻底清洗燃油箱后,更换活性炭罐,该车故障彻底排除。

【故障原因】

可能的故障原因有活性炭罐质量问题；燃油的品质存在问题；可能使用了乙醇汽油。这是因为乙醇的吸水性较强，它会使燃油箱中含有水分。当活性炭罐吸附燃油箱中的水蒸气达到饱和时，将无法吸附燃油蒸气。与车主进行沟通后得知，该车经常添加乙醇汽油。

【案例总结】

该车型在国内的保有量较低，因此故障原因没有相应的技术公告。但这类故障曾困扰许多维修企业，有些企业在大量更换零件后，虽然问题暂时得到解决，但由于不知道其原因，故障仍会出现。因此，在故障诊断过程中，维修人员一定要按 ISTA 诊断软件进行实际的数据分析。这样不仅能节省大量的维修时间，而且能为避免故障复发找到良策。

任务二 用 ISTA 诊断软件进行故障诊断

_____学时

班级：		组别：		姓名：		掌握程度： □优 □良 □及格 □不及格
实训目的	掌握 ISTA 诊断软件的功能；熟练使用 ISTA 诊断软件对宝马车辆进行故障诊断及分析。						
安全注意事项	注意设备及个人安全防护，规范操作。						
教学组织	每辆车安排 6 位学员（组长 1 人、主修 1 人、辅修 1 人、观察员 1 人、评分 1 人、质检 1 人）作业，循环操作。						
操作步骤演示	 微课 ISTA诊断软件使用						
任务	作业记录内容 ☑ 正确 ⊠ 错误						
前期准备	□ 1. 护具——整车防护七件套（车外三件套——前翼子板垫/左右翼子板垫，车内四件套——转向盘套/脚垫/座椅套/变速器操作杆套），如图 2-5 和图 2-6 所示。 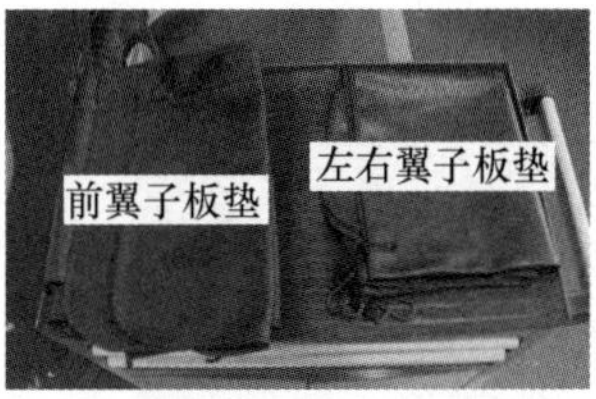 □ 图 2-5 车外三件套 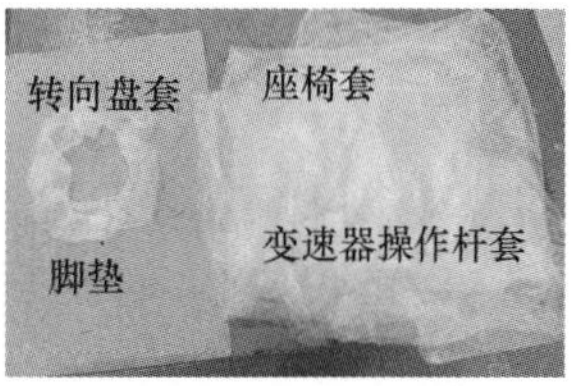　　　　□ 图 2-6 车内四件套 □ 2. 工具——车辆（本实训任务以宝马 320i 为例）、220V 电源（给故障诊断仪提供电源）（见图 2-7）、故障诊断仪（见图 2-8）等。						

前期准备	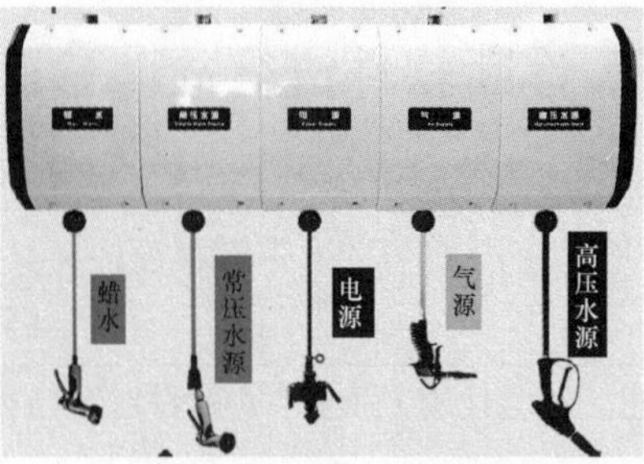 □ 图 2-7　电源 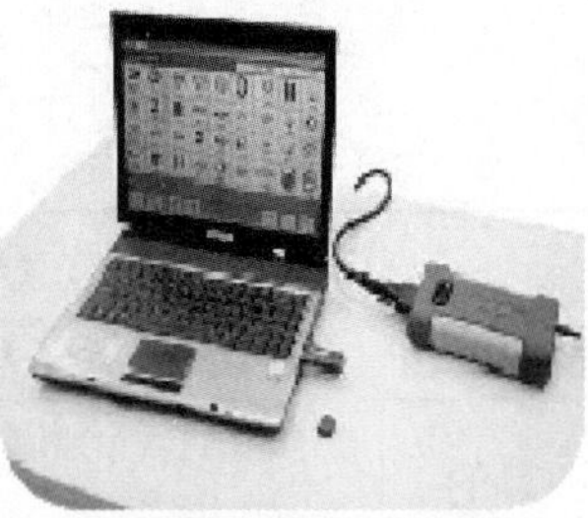　　　　　　□ 图 2-8　故障诊断仪
安全检查	□ 1. 检查车辆驻车制动器是否处于制动状态，变速器挡位是否处于空挡位置。 □ 2. 在车辆前后放置车轮挡块。 □ 3. 使用车辆前，检查车辆或台架周围是否存在安全隐患。 注意：在实训过程中若有异常或异响，应立即停止当前作业并及时向老师汇报，不得擅自处理。
防护工作	人身防护如图 2-9 所示。车身防护如图 2-10 所示。车内防护如图 2-11 所示。 注意：安全防护要到位。  □ 图 2-9　人身防护 　　□ 图 2-10　车身防护 　　□ 图 2-11　车内防护
操作流程	**一、操作步骤** **步骤一　与车辆建立通信** □ 1. 给故障诊断仪通电，并找到车辆车载诊断系统（OBD）接口，如图 2-12 所示。车辆 OBD 接口一般位于驾驶员侧制动踏板上方。  □ 图 2-12　车辆 OBD 接口 □ 2. 依次连接故障诊断仪的诊断接头，如图 2-13 所示。 □ 3. 打开点火开关。

操作流程	□ 4. 在故障诊断仪桌面双击"ISTAGUI"图标（见图 2-14）进入 ISTA 诊断软件界面。 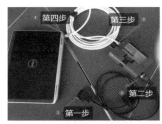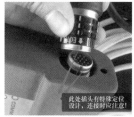 □ 图 2-13　连接诊断接头　　　　□ 图 2-14　ISTA 诊断软件图标 □ 5. 进入 ISTA 诊断软件界面，单击选择"过程"选项，如图 2-15 所示。  □ 图 2-15　"过程"界面 □ 6. 选择"读取车辆数据"选项，并单击右下方"完整识别"按钮，如图 2-16 所示。  □ 图 2-16　进入"读取车辆数据"界面 □ 7. 进入"车辆细节"界面，如图 2-17 所示。此时就完成了故障诊断仪与车辆建立通信的操作。

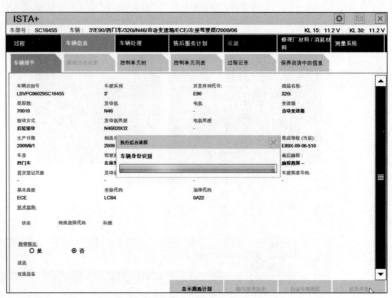

□ 图 2-17 "车辆细节"界面

步骤二 发动机电子系统（DME）故障码读取

□ 1. 在"控制单元树"界面选择"控制单元列表"，开始读取控制单元信息，如图 2-18 所示。

操作流程

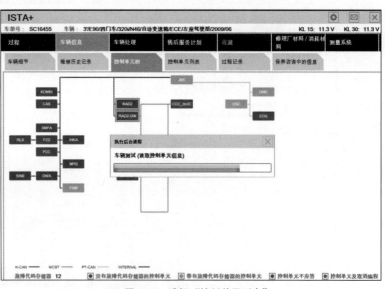

□ 图 2-18 选择"控制单元列表"

□ 2. 此时选择"DME"选项，并单击界面右下方的"显示故障代码存储器中的故障记忆"按钮，如图 2-19 所示。

<table>
<tr><td rowspan="10">操作流程</td><td>

□ 图 2-19　"控制单元列表"界面

□ 3．界面中可读取到的 DME 故障码（包括通过车载网络获得各模块的故障码）如图 2-20 所示。

□ 图 2-20　DME 故障码

□ 4．如图 2-20 所示，单击界面左下角的"删除故障代码存储器的故障记忆"按钮，删除故障码。

步骤三　冷却液温度数据分析

□ 1．单击"车辆信息"选项，然后选择"控制单元树"选项。

</td></tr>
</table>

操作流程	□ 2．在"控制单元树"界面选择"DME"图标，单击界面左下方的"调用控制单元功能"按钮，如图2-21所示。 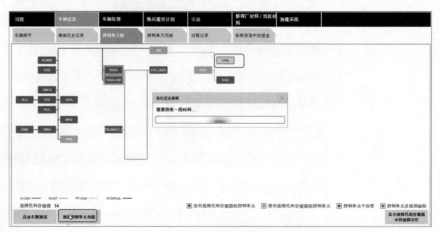 □ 图2-21　选择"调用控制单元功能" □ 3．界面如图2-22所示，先单击"诊断查询"选项，并在"控制单元功能"列表框中选择"温度值"选项。 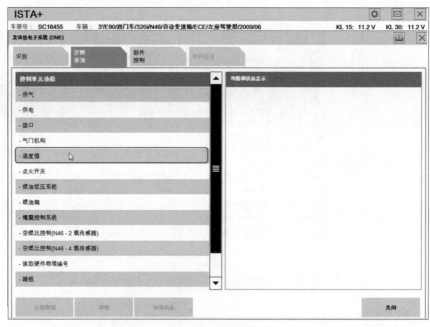 □ 图2-22　查询温度值 □ 4．选择"水箱出口冷却液温度"选项，单击"查询状态"按钮，此时将会在界面的右边显示冷却液温度数据，如图2-23所示，当前水箱出口冷却液温度为6.75℃。

□ 图 2-23 查询水箱出口冷却液温度状态

操作流程	□ 5．根据冷却液温度数据，对发动机散热情况进行分析，记录相关数据。 □ 6．单击"关闭"按钮，如图 2-23 所示，退出诊断软件，关闭点火开关，断开故障诊断仪的连接线。 **二、注意事项** □ 1．在对整车诊断中，不得中途对整车断电。 □ 2．发动机温度较高，禁止高温时打开水箱，对冷却液温度进行检查，可以用故障诊断仪直接读取发动机冷却液温度。 □ 3．诊断结束时，要依次退出程序后再关闭故障诊断仪，不得直接关闭。 **三、技术要求** □ 1．正确连接诊断软件。 □ 2．正确选择"控制单元树"读取发动机故障码。 □ 3．通过故障诊断仪对冷却液温度数据变化进行分析，从而判断故障点。 □ 4．熟悉各模块英文缩写。 □ 5．所有插接器都设计了特殊闭锁装置，不易插错，但要注意插接器的缺口方位，不得生拉硬拽。 □ 6．若通信失败，不显示车辆信息，要详细检查故障诊断仪连接线两端的插座和插头是否弯曲或折断，也需要点火开关打开后检测整车是否通电。如均没问题则进一步判断故障诊断仪或汽车控制单元是否损坏。 □ 7．"控制单元树"界面为网络拓扑图形式，会显示车身所有模块。在此界面中单击"显示故障代码存储器中的故障记忆"按钮将会显示所有模块故障码。 □ 8．若想清除故障码，单击界面左下方的"删除故障代码存储器的故障记忆"

操作流程	按钮即可。 □ 9. 若要退出检测，单击界面右下方的"关闭"按钮，依次退出诊断软件即可。		
质检验收	□ 起动发动机，检查发动机是否能正常起动。	是 □	否 □
	□ 同实训老师试车确认。	是 □	否 □
	□ 检查仪表盘上是否有报警灯报警。	是 □	否 □
	□ 与实训工单对照检查项目是否完成。	是 □	否 □
	□ 实训结束，检查诊断设备是否遗漏在车上。	是 □	否 □
检查与评估			
6S 管理规范 （教师点评）	□ 整理　□ 整顿　□ 清扫　□ 清洁　□ 素养　□ 安全		
成绩评定 （学生总结）	小组对本人的评定：□ 优　□ 良　□ 及格　□ 不及格 学生本次任务成绩：□ 优　□ 良　□ 及格　□ 不及格		

专业考核评分表——用 ISTA 诊断软件进行故障诊断

班级：		组别：		组长：		日期：		
技术标准： 故障诊断仪使用操作要求								
序号	作业项目	考核内容	考核标准	分值	扣分	得分		
1	准备环节	做好车身防护工作（七件套安装）	错 1 次扣 2.5 分	5				
2		正确选择故障诊断仪及连接线	错 1 次扣 2.5 分	5				
3	故障诊断环节	连接故障诊断仪	按照流程规范操作，错 1 次扣 5 分	5				
4		打开点火开关，并打开诊断软件		5				
5		车辆与故障诊断仪建立通信		5				
6		读取实训车辆信息		5				
7		进入发动机系统		5				
8		读取与清除故障码		15				
9		根据故障码，读取相应传感器数据流		15				
10		分析故障点		15				
11		记录相关数据		5				
12		正确退出系统		5				
13	项目实训时间		0～10min　　10 分 ＞10～12min　8 分 ＞12～14min　5 分 ＞14min　　　0 分	10				
质检员：		评分员：			合计得分			

教师点评：

团队合作： 优秀 □　良好 □　及格 □　　　　**分工明确：** 优秀 □　良好 □　及格 □

专业标准： 优秀 □　良好 □　及格 □　　　　**操作规范：** 优秀 □　良好 □　及格 □

教师签字：　　　　　　　　　　　　　　　　　　　　　　　　年　　月　　日

注：实训未按规范操作，导致出现设备损坏或人身伤害，本次考核记 0 分。

BMW 发动机认知

任务一 BMW 发动机核心技术认知

_____学时

班级：	组别：	姓名：	掌握程度： □优 □良 □及格 □不及格

一、工作任务

1. 了解 BMW 发动机技术发展及型号。

2. 掌握 BMW 发动机的核心技术。

二、任务认知

1. BMW 发动机概述

（1）BMW 在 2001 年曾推出自然吸气 3.0L 直列_____缸的发动机［见图 3-1（a）］，这也是宝马在自然吸气发动机领域的出色设计。率先采用缸内直喷技术的宝马直列六缸的发动机型号为_____，率先采用涡轮增压技术的宝马直列六缸的发动机型号为_____。

（2）BMW 在 2004 年率先采用了_____缸体［见图 3-1（b）］技术，这种缸体比灰铸铁缸体轻 57%，比铝质缸体轻 30%，搭载这项技术的发动机型号为_____。

（3）BMW 在 2014 年推出了三缸涡轮增压汽油发动机［见图 3-1（c）］，并率先在_____车上采用，这款发动机的型号为_____。

(a)   (b)   (c)

图 3-1　BMW 发动机

（4）BMW 发动机常见的有 N46_____缸、N55 直列六缸、S85_____缸、N72_____缸。

（5）BMW 常见的发动机型号有_____位。

（6）写出发动机型号 N20B2000 每位的含义。

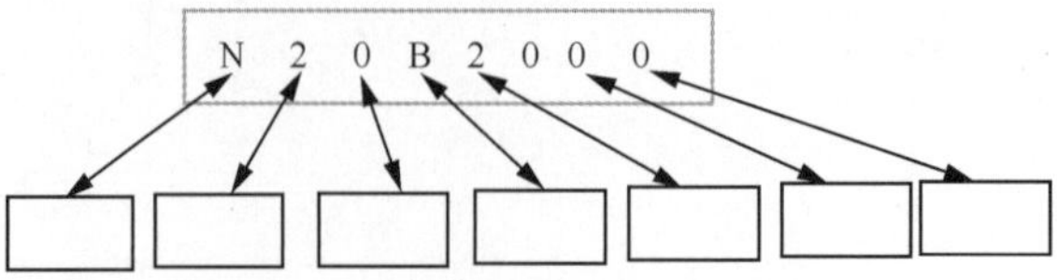

（7）宝马 B58 发动机的型号含义如图 3-2 所示。

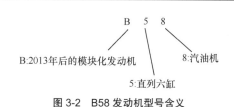

B:2013年后的模块化发动机　　　　　　8:汽油机

5:直列六缸

图 3-2　B58 发动机型号含义

2．宝马 N20 发动机的认知（见图 3-3）

（1）宝马 N20 发动机为采用_____技术、缸内直喷技术及第三代_____技术的直列四缸汽油发动机。

（2）宝马 F30 轿车传动系统的布置形式：_____。

（a）安装位置

（b）外形

图 3-3　宝马 N20 发动机安装位置及外形

3．宝马 N20 发动机缸内直喷技术

（1）缸内直喷部件组成（包括_____等）及位置，如图 3-4 和图 3-5 所示。

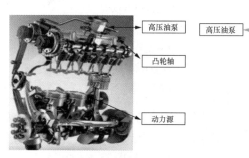

图 3-4　缸内直喷部件组成

图 3-5　缸内直喷部件在发动机上的位置

（2）宝马 N20 发动机采用了_____高压喷射装置（HDE），能根据发动机工况高精度控制_____。该发动机使用的博世（Bosch）的_____孔喷射嘴式电磁阀喷射器能有效帮助燃油与空气混合，这种电磁阀喷射器的喷射角度和喷射形状可变性较高，喷射压力最高可达_____kPa。图 3-6 所示为燃油系统高压部分组成部件，其中高压喷油嘴如图 3-7 所示。

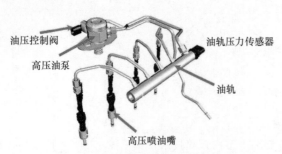

图 3-6　燃油系统高压部分组成部件

图 3-7　高压喷油嘴

4. 宝马 N20 发动机增压技术

（1）结构：N20 发动机采用了在 N55 发动机上运用成熟的双涡管单涡轮增压技术。双涡管单涡轮增压器（见图 3-8）可以简单理解为将普通的增压器上的涡管分割为_____根，涡轮是由两个通道的废气推动的，如图 3-9 所示。

图 3-8　双涡管单涡轮增压器

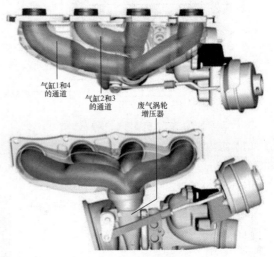

图 3-9　涡轮增压

（2）作用：对于四缸发动机来说，根据_____的气缸的做功顺序，将_____缸组成一条管路，_____缸组成另一条管路。这种双涡管的结构设计可以_____排气干涉，让排气压力更为平稳持续，同时双涡管的结构减小了每个涡管的截面积，从而提高了排气气流的速度，最终起到_____涡轮迟滞和_____增压的效果。

5. 宝马 N20 发动机铝合金材质缸体

（1）新的 N20 发动机在气缸壁处采用了_____丝喷涂工艺，该工艺通过高电压下产生的高温_____来熔化金属铁，并通过高压空气将铁喷涂在铝合金材质的气缸壁上。

（2）作用：铁涂层可以_____气缸壁的强度，喷涂后所形成的微孔表面可以减小活塞运行时的_____。

□ 案例分享 □

——【故障现象】——

一辆 2014 年款宝马 525Li，行驶里程为 5.5 万 km，据车主反映，车辆上次编程后，在行驶时发动机故障灯亮。车辆可以正常行驶，也不抖动。

——【故障诊断】——

维修人员接车后确认故障现象，连接 ISTA 诊断软件进行诊断，读取到故障码："DME 104301 绝对压力传感器，吸管，可信度，空转：压力过高。"因车主当时急用车，因此维修人员删除故障码后将车辆交给车主。几天后车主再次来店，维修人员检查了进气压力传感器的线束、进气歧管压力传感器线束，也进行了测量，没有发现异常。

维修人员用 ISTA 诊断软件查看发动机数据，发现节气门开度在怠速时比较大，为 7%，清洗后节气门开度为 5%。维修人员检查进气侧是否有漏气，结果未发现任何故障。

上述检测未排除进气压力传感器本身故障，与试驾车调换了进气歧管压力传感器、进气压力传感器、空气流量传感器，并删除了发动机调校值。外出试车 30km 未试到发动机报故障，就将车辆交给车主开回。3 天后发动机故障灯再次亮起。

维修人员请求技术支持，技术人员了解了之前做过的检测项目后，又再次检查了一下进气歧管压力传感器线路，结果发现进气压力传感器上有条线虚接，用手轻轻一拉就断开了，如图 3-10 所示。

图 3-10　线头有虚接

——【故障排除】——

焊接好线路后，故障排除。

——【案例总结】——

这是一个比较简单的线束故障，需要维修人员细心检查，否则容易在维修过程中浪费时间。

任务二　检测 BMW 发动机核心部件（传感器）

_____学时

班级：	组别：	姓名：	掌握程度： □优　□良　□及格　□不及格
实训目的	掌握发动机典型传感器的安装位置、作用、检测、数据流读取及分析方法。			
安全注意 事项	注意设备及个人安全防护，规范操作。			
教学组织	每辆车安排6位学员（组长1人、主修1人、辅修1人、观察员1人、评分1人、质检1人）作业，循环操作。			

操作步骤 演示	操作流程 微课 传感器测量（一） 操作流程 微课 传感器测量（二） 操作流程 微课 传感器测量（三）

任务	作业记录内容　　☑ 正确　　☒ 错误
前期准备	□ 1. 护具——整车防护七件套（车外三件套——前翼子板垫/左右翼子板垫，车内四件套——转向盘套/脚垫/座椅套/变速器操作杆套），如图3-11和图3-12所示。 前翼子板垫　左右翼子板垫　　转向盘套　座椅套　脚垫　变速器操作杆套 □ 图3-11　车外三件套　　　　□ 图3-12　车内四件套

前期准备	□ 2．工具——车辆（本实训任务以宝马 525 为例）、世达工具（见图 3-13）、故障诊断仪（见图 3-14）、万用表、示波器等。  □ 图 3-13　世达工具 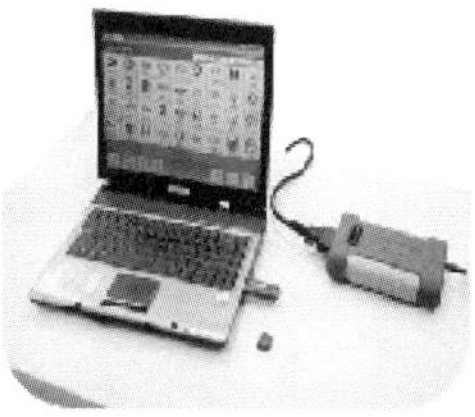　　　　　　　□ 图 3-14　故障诊断仪
安全检查	□ 1．检查车辆驻车制动器是否处于制动状态，变速器挡位是否处于空挡位置。 □ 2．在车辆前后放置车轮挡块。 □ 3．使用车辆前，检查车辆或台架周围是否存在安全隐患。 注意：实训过程中若有异常或异响，应立即停止当前作业并及时向老师汇报，不得擅自处理。
防护工作	人身防护如图 3-15 所示。车身防护如图 3-16 所示。车内防护如图 3-17 所示。 注意：安全防护要到位。  □ 图 3-15　人身防护 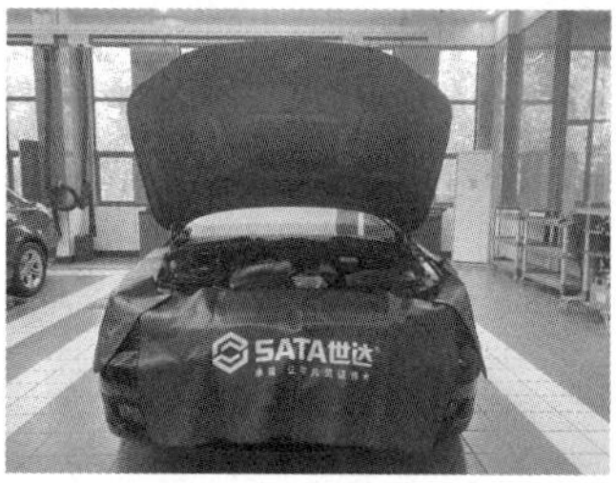　　　□ 图 3-16　车身防护 　　　　　□ 图 3-17　车内防护
操作流程	**一、操作流程** **步骤一　读取故障码及对应的数据流** □ 1．将故障诊断仪连接到车辆上，用故障诊断仪读取故障码，确定产生故障的传感器及部分执行器。 □ 2．使用故障诊断仪读取产生故障码的传感器（执行器）数据流，对可疑的数据进行下一步的检测及分析。 □ 3．对输出数字信号的传感器，需使用故障诊断仪读取有关传感器的波形图，确定故障传感器。 □ 4．对可疑的传感器（执行器），需通过万用表等仪器测量传感器（执行器）的工作环境及工作状态。 **步骤二　使用万用表对传感器和执行器进行检测** （一）发动机典型传感器的检测 □ 1．对照维修手册在 N20 发动机进气系统中查找空气流量计（见图 3-18）

的安装位置，并根据空气流量计控制电路图（见图3-19）在实训车辆上检测空气流量计数据，填写在下面的空格中。

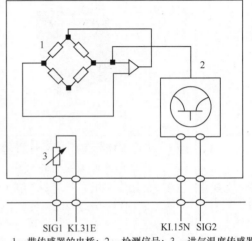

SIG1 KI.31E   KI.15N SIG2

1—带传感器的电桥；2—检测信号；3—进气温度传感器

□ 图3-18　空气流量计　　　　□ 图3-19　空气流量计控制电路

操作流程

在空气流量计的控制电路中，SIG1是模拟进气温度信号，用万用表检测其电压是＿＿＿＿＿V；KI.31E是电子搭铁，测量搭铁＿＿＿＿＿（是否良好）；KI.15N是空气流量计的供电电压信号（标准值为5V），用万用表测量其值为＿＿＿＿＿V；SIG2是空气流量信号，测量发动机怠速时的电压为＿＿＿＿＿V，随发动机转速升高其电压变化为＿＿＿＿＿。根据测量的数据判断该传感器＿＿＿＿＿（正常或不正常）。

□ 2. 对照维修手册在N20发动机进气系统中查找进气温度/增压压力传感器在发动机上的安装位置，如图3-20所示。根据进气温度/增压压力传感器控制电路（见图3-21）在实训车辆上测量进气温度/增压压力传感器数据并填写在下面的空格中。

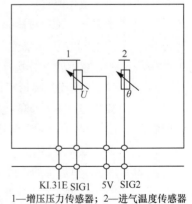

KI.31E SIG1　5V　SIG2

1—增压压力传感器；2—进气温度传感器

□ 图3-20　进气温度/增压压力传感器安装位置　　　□ 图3-21　进气温度/增压压力传感器控制电路

在进气温度/增压压力传感器控制电路中，SIG1是增压压力信号（标准

操作流程	值为 2～4.5V），检测到的电压是_____V；KI.31E 是电子搭铁，测量搭铁_____（是否良好）；5V 是供电电压，测量的值是_____V；SIG2 是进气温度信号（标准值为 150～160kΩ），测量的值为_____kΩ。根据测量的数据判断该传感器_____（正常或不正常）。如果传感器不正常，建议_____。 □ 3. 对照维修手册在 N20 发动机进气系统中查找凸轮轴位置传感器（见图 3-22）在发动机中的安装位置。根据凸轮轴位置传感器控制电路（见图 3-23）在实训车辆上测量凸轮轴位置传感器数据，填写到相关的空格中。  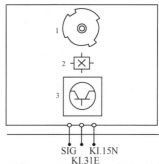 1—传感器外壳；2—传感器插座　　　　1—凸轮轴；2—霍尔元件；3—传感器控制单元 □ 图 3-22　凸轮轴位置传感器　　　□ 图 3-23　凸轮轴位置传感器控制电路 在凸轮轴位置传感器控制电路中，KI.31E 是电子搭铁，用万用表测量搭铁_____（是否良好）；KI.15N 是供电电压信号（标准值为 5V），测量的值为_____V；SIG 是凸轮轴位置信号，可以用_____测量。根据测量的数据判断该传感器_____（正常或不正常）。 □ 4. 对照维修手册在 N20 发动机进气系统中查找前氧传感器在发动机中的安装位置，如图 3-24 所示。根据前氧传感器控制电路（见图 3-25）在实训车辆上测量相关参数，填写到下面的空格中。 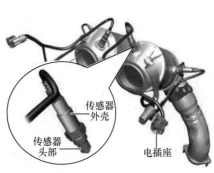 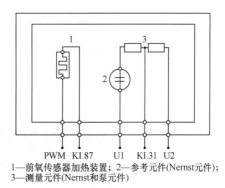 传感器外壳　传感器头部　电插座　　PWM　KI.87　U1　KI.31　U2 　　　　　　　　　　　　　　　1—前氧传感器加热装置；2—参考元件(Nernst元件)； 　　　　　　　　　　　　　　　3—测量元件(Nernst和泵元件) □ 图 3-24　前氧传感器　　　　　□ 图 3-25　前氧传感器控制电路

|操作流程|如图 3-25 所示，在前氧传感器控制电路中，U1 是参考元件电压信号，检测电压值是_____V；KI.31 是电子搭铁，测量搭铁_____（是否良好）；KI.87 是蓄电池电压信号，测量值为_____V；U2 是泵室电压信号，测量值为_____V；PWM 为控制氧传感器加热的一种技术。根据测量的数据判断该传感器_____（正常或不正常）。

□ 5．对照维修手册在 N20 发动机进气系统中查找后氧传感器在发动机中的安装位置，如图 3-26 所示。根据后氧传感器控制电路（见图 3-27）在实训车辆上测量相关参数，并填写到下面的空格中。|

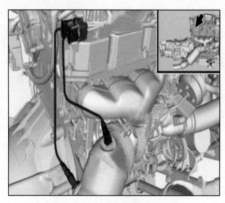

□ 图 3-26　后氧传感器安装位置

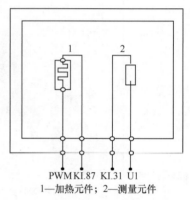

1—加热元件；2—测量元件

□ 图 3-27　后氧传感器控制电路

　　在后氧传感器的控制电路（见图 3-27）中，U1 是测量元件电压信号（标准值为 5V），实际测量值是_____V；KI.31 是电子搭铁，测量搭铁_____（是否良好）；KI.87 是蓄电池电压信号，实际测量值为_____V；PWM 是控制氧传感器加热的一种技术。根据测量的数据判断该传感器_____（正常或不正常）。

（二）进气系统中部分执行器的检测

□ 1．对照维修手册在 N20 发动机进气系统中查找电子节气门（见图 3-28）的安装位置。根据电子节气门控制电路（见图 3-29）在实训车辆上测量相关数据，并填写到下面的空格中。

□ 图 3-28　电子节气门

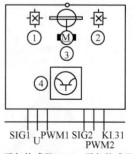

SIG1　PWM1 SIG2　KI.31
　　　U　　　　　PWM2

1—霍尔传感器1；2—霍尔传感器2；
3—带节气门的电动节气门调节器；
4—带有电子分析系统的电子芯片

□ 图 3-29　电子节气门控制电路

操作流程	在电子节气门控制电路中，SIG1 是霍尔传感器 1 信号（标准值为 0.2～4.5V，随节气门开度变大，信号电压逐渐变大），检测电压是_____V；KI.31 是电子搭铁，测量搭铁_____（是否良好）；U 是供电电压信号（标准值为 5V），测量值为_____V；SIG2 是霍尔传感器 2 信号（标准值为 0.2～4.5V，随节气门开度变大，信号电压反而变小），测量值为_____V；根据测量的数据判断该传感器_____（正常或不正常）。 　说明：PWM1 为电动机控制端 1（输入端），PWM2 为电动机控制端 2（输出端），采用 1 000Hz 的脉冲信号控制。 □ 2．对照维修手册在 N20 发动机进气系统中查找电子内循环阀的安装位置（见图 3-30）。根据电子内循环阀控制电路（见图 3-31）在实训车辆上测量内循环阀的相关数据，填写到下面的空格中。 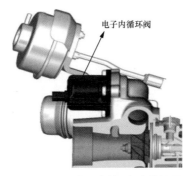 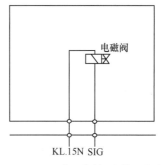 □ 图 3-30　电子内循环阀安装位置　　□ 图 3-31　电子内循环阀控制电路 　KI.15N 是供电电压信号（标准值为 12V），实际测量值为_____V，SIG 是受发动机控制单元控制的搭铁线，判断其_____（通或断）。 **二、注意事项** □ 1．不得在发动机工作中对车身断电。 □ 2．发动机冷却液温度较高，禁止在高温状态下打开水箱。 □ 3．诊断结束时，依次退出程序，不得直接关闭故障诊断仪。 **三、技术要求** □ 1．准备工作一定注意四到位：防护到位，工具到位，设备到位，耗材到位。 □ 2．对照维修手册能准确地指出各传感器的位置，能讲出其作用。 □ 3．按照维修手册掌握传感器各端子的作用，并能用万用表相应的功能进行测量。 □ 4．凸轮轴位置传感器信号是数字信号，不能通过普通万用表测量，需要用示波器测量。 □ 5．掌握前、后氧传感器的作用及测量方法。 □ 6．电子节气门接线中的电机控制采用了脉冲信号，也是无法用普通万用表测量的。 □ 7．使用仪器需规范操作。

质检验收	☐ 正确找到传感器的位置并说出它的作用。	是☐ 否☐
	☐ 掌握传感器端子的用途。	是☐ 否☐
	☐ 测量仪器使用规范。	是☐ 否☐
	☐ 与实训工单对照检查项目是否完成。	是☐ 否☐
	☐ 实训结束，检查诊断设备是否遗漏在车上。	是☐ 否☐
检查与评估		
6S 管理规范 （教师点评）	☐ 整理　☐ 整顿　☐ 清扫　☐ 清洁　☐ 素养　☐ 安全	
成绩评定 （学生总结）	小组对本人的评定：☐ 优　☐ 良　☐ 及格　☐ 不及格 学生本次任务成绩：☐ 优　☐ 良　☐ 及格　☐ 不及格	

专业考核评分表——检测 BMW 发动机核心部件（传感器）

班级：	组别：	组长：	日期：

技术标准：发动机传感器故障的检测及排除流程

序号	作业项目	考核内容	考核标准	分值	扣分	得分
1	准备环节	车身防护（车内及车外防护）	做错或漏做 1 次扣 2.5 分	5		
2		正确选择及使用工具	用错 1 次扣 2.5 分	5		
3	故障诊断仪检测环节	读取故障码，确定产生故障码的传感器及执行器	按照流程规范检测，错 1 次扣 2.5 分	10		
4		读取并分析产生故障码的传感器及执行器的数据流		20		
5		对产生数字信号的传感器用故障诊断仪读取波形图		10		
6	万用表检测环节	正确识别传感器（或执行器）安装位置	按照流程规范检测，错 1 次扣 2.5 分	20		
7		检测传感器的供电电源是否良好		10		
8		检测部分执行器的供电电源是否良好		10		
9		项目实训时间	0～10min　　10 分 >10～12min　　8 分 >12～14min　　5 分 >14min　　0 分	10		

质检员：	评分员：	合计得分	

教师点评：

团队合作：优秀□　良好□　及格□　　　分工明确：优秀□　良好□　及格□

专业标准：优秀□　良好□　及格□　　　操作规范：优秀□　良好□　及格□

教师签字：	年　　月　　日

注：实训未按规范操作，导致出现设备损坏或人身伤害，本次考核记 0 分。

任务一　BMW 发动机进气系统认知

_____学时

班级：	组别：	姓名：	掌握程度： □优　□良　□及格　□不及格

一、工作任务

1. 了解宝马 N62 发动机进气系统各部件的作用。

2. 掌握进气系统增压压力传感器的检测方法。

二、任务认知

1. 宝马 N62 发动机进气系统

（1）宝马 N62 发动机进气系统（见图 4-1）的组成：1 是进气管接头，2 是带消声器的_____，3 是_____，4 是二次空气阀，5 是二次空气泵、进气道，如图 4-1 所示。

　　吸入的空气通过进气管接头，从空气滤清器到节气门部件，再进入可调式进气系统，最后到达两个气缸盖的进气道。空气滤清器元件的更换周期为_____km。

（2）宝马 N62 发动机的可调式进气系统（见图 4-2）：进气行程长度根据发动机转速无级调节。在发动机低转速下采用_____进气行程，当转速达到_____r/min 时，开始由长进气行程向短进气行程转换，即进气行程随着转速升高而线性缩短，直到转速达到_____r/min 后，进气行程不再改变。

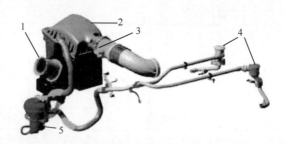

图 4-1　N62 发动机进气系统

（a）调节到长进气行程的进气系统

（b）调节到短进气行程的进气系统

图 4-2　宝马 N62 可调式进气系统

2．曲轴箱废气再利用

燃烧过程中产生的曲轴箱废气（窜缸混合气），从曲轴箱导入气缸盖罩内的一个迷宫式分离器中（见图 4-3），沉积在迷宫式分离器壁上的机油通过机油吸管流入气缸盖内，然后从那里流回到油底壳中。剩余气体通过压力控制阀导入进气系统，供给＿＿＿＿＿＿进行燃烧。

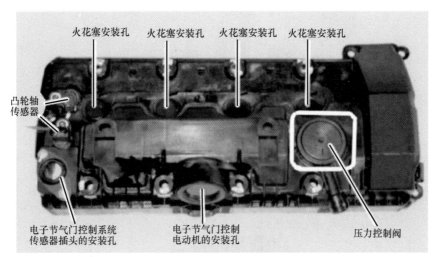

图 4-3　带迷宫式分离器的气缸盖罩

在两个气缸盖罩上都集成有一个带压力控制阀的迷宫式分离器。合理调节节气门，保证进气系统中的真空度始终为 5 MPa，以吸出气体。压力控制阀可将曲轴箱内的真空度从 0 调节至 3 MPa。

3．进气系统各传感器认知

（1）电子节气门的组成如图 4-4 所示。电气节气门利用软件和硬件的组合来取代传统的节气门装置。发动机控制单元通过精确控制进气门的开闭正时和升程大小，来控制发动机气缸的进气量，目前在宝马＿＿＿＿＿＿车型上开始装配新型 N62 发动机，N62 发动机是宝马公司的高技术产品。

（2）空气流量计(也称为空气流量传感器)的位置如图 4-5 所示,它将吸入的＿＿＿＿＿＿转换成电信号送至控制单元（ECU），作为决定＿＿＿＿＿＿＿的基本信号之一。如果空气流量计或线路出现故障，ECU 得不到正确的进气量信号，就不能正常地进行喷油量的控制，将造成混合气＿＿＿＿＿＿或过稀，使发动机运转不正常。

（3）进气压力传感器的位置如图 4-5 所示。进气压力传感器是＿＿＿＿＿＿型电控燃油喷射系统中的一部分，作用是将进气管内的压力变化转换成电压信号传递给 ECU，即间接提供＿＿＿＿＿＿＿，并且结合目标空燃比确定燃油喷射量。

（4）增压压力传感器的位置如图 4-5 所示。它的作用是：＿＿＿＿＿＿＿＿＿＿，从而提高发动机的＿＿＿＿＿。在宝马进气系统中，增压压力传感器故障的检测需用 ISTA 诊断软件读取＿＿＿＿＿＿，分析传感器数据是否正常，如不正常，需测量传感器供电电源是否_____、搭铁是否_____，最后判断输出信号是否_____，从而分析判断传感器是否良好。

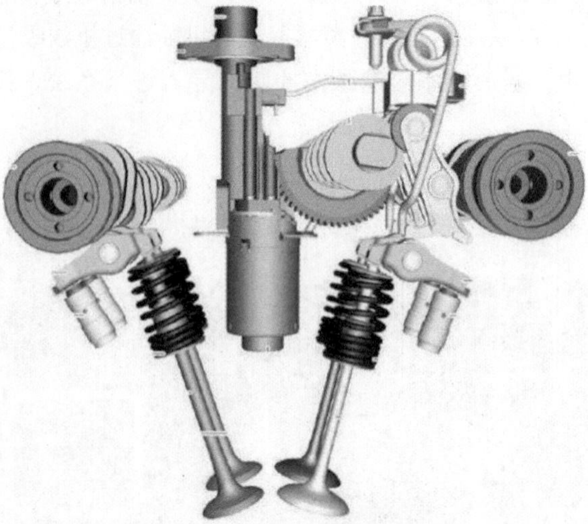

图4-4　电子节气门的组成

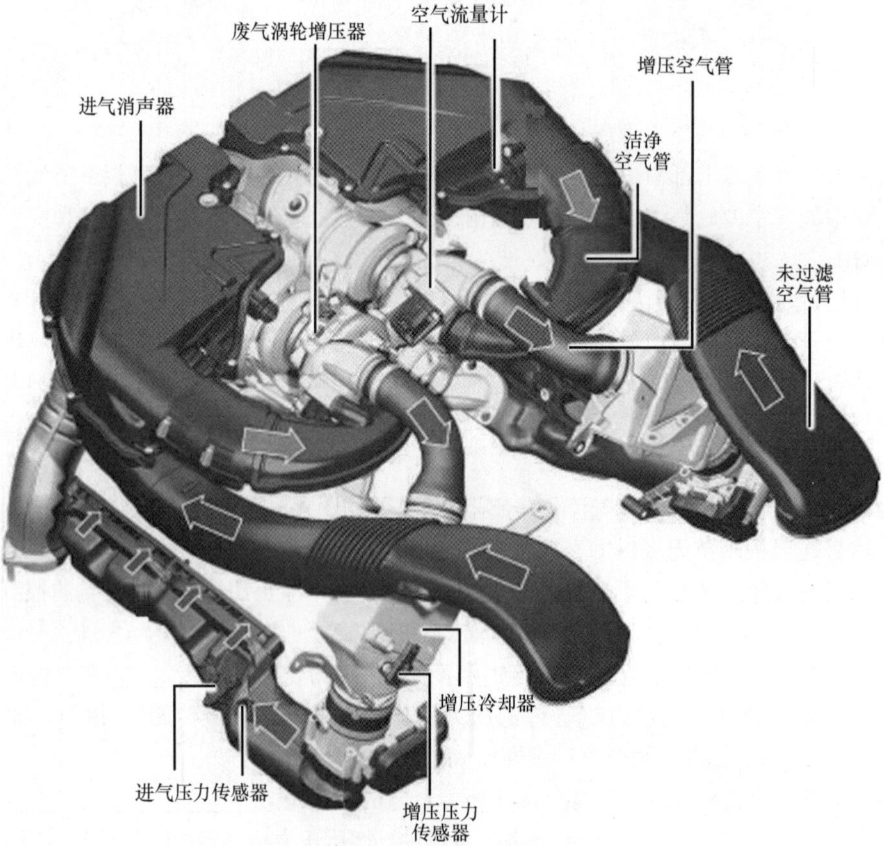

图4-5　N62发动机进气系统及传感器的位置

□ 案例分享 □

● ─── 【故障现象】 ───●

有一辆 2017 年款宝马 X5 SUV（配置 N55 发动机），车主反映该车在行驶中发动机故障灯有时会点亮，且仪表盘上显示的信息为"发动机功率下降"，车辆缓慢提速时，车速可以达到 135 km/h，但在车速达到 85km/h 左右时，急踩加速踏板，发动机故障灯便会点亮。

● ─── 【故障诊断】 ───●

维修人员接车后首先验证故障现象，故障现象确如车主所述。用宝马故障诊断仪读取故障码，读到两个故障码，分别为"2C57 增压压力调节，可信度：压力过低"和"2C58 增压压力调节，关闭：建压已锁止"。

清除故障码后试车，故障仍然存在，再次读取故障码，上述两个故障码再现。查看维修资料得知，故障码 2C58 是在记录了故障码 2C57 后出现的，由于发动机控制单元将增压系统关闭后，控制单元会记录增压系统关闭的状态信息（2C58），因此故障排查的重点是故障码 2C57。

分析认为，造成增压压力过低的可能故障原因有真空供应装置故障、废气旁通阀故障、增压空气导管故障、涡轮增压器故障、排气背压过高、增压控制系统故障等。N55 发动机使用一个真空泵给制动助力器和废气旁通阀供给所需要的真空压力，并确保随时都能为废气旁通阀提供一定的真空压力，将一个真空蓄能器和气门室盖制成一体，其真空控制原理如图 4-6 所示。用真空压力表测量电控气动压力变换阀至废气旁通阀之间的真空压力为 65 kPa，正常，且每次发动机起动后，电控气动压力变换阀都会通电，废气旁通阀都会关闭，每次发动机熄火后，废气旁通阀都会打开，而且没有发现卡滞的情况。检查结果表明该车的真空供应装置和废气旁通阀工作正常。

检查从涡轮增压器至节气门的增压空气管及软管有无破损，是否密封完好，所在位置是否正确；检查涡轮增压器前的进气管道有无破损、折弯，是否密封完好，所在位置是否正确；检查减压装置阀门连接处的控制管有无破损、折弯，是否密封完好，真空管路安装是否正确；检查管路外面有无油迹和各连接处是否连接牢固（有油迹就可能存在漏气）等。

上述检查均未发现问题，从而可以排除增压空气泄漏造成增压压力过低的情况。拆下涡轮增压器与中冷器间的管路，没有发现大量的油迹（管路中有少量机油为正常，因曲轴通风装置可能排出少量机油）；用压缩空气吹动涡轮增压器进气压气轮，转动平稳并且没有异常噪声；用内窥镜检查三元催化器，内部结构清晰，没有发现堵塞、破损情况，从而排除涡轮增压器本身故障，也可排除由于三元催化器堵塞造成排气背压过高，而使发动机控制系统关闭增压功能造成的增压故障。清除故障码，通过调用发动机控制单元功能，读取发动机怠速状态下的增压数据流，节气门前增压压力标准值为 101kPa，节气门前的实际增压压力为 100kPa；节气门后的进气管压力为 96kPa，增压空气温度为 43.3℃，怠速工况下发动机负荷小，对充气量要求不高，因此发动机没有增压的需求，各项数据均正常。

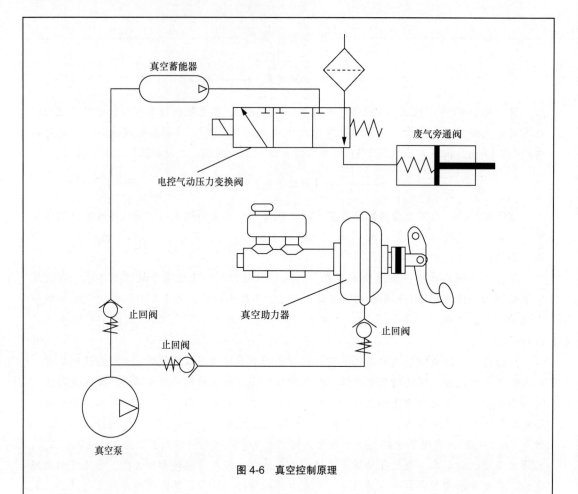

真空蓄能器

废气旁通阀

电控气动压力变换阀

止回阀

真空助力器

止回阀

止回阀

真空泵

图 4-6 真空控制原理

　　根据故障码2C57的故障描述可知，发动机电子系统（DME）实时监控增压压力传感器检测的压力，当检测的压力小于额定压力或增压压力传感器所提供数据不准确时，便记录该故障码。在此发动机中进气温度传感器和增压压力传感器是集成在一起的，它实时向发动机电子系统（DME）提供增压压力和进气温度信号。涡轮增压器增压压力的大小是由经过涡轮侧的废气气流所决定的，而废气气流的速度又由发动机的负荷和转速所决定，这就需要进行实际的路试，并查看车辆在急加速情况下的动态数据流。路试中稳定车速，再急加速增大发动机的负荷，观察发动机的增压数据流，发现车速为 80 km/h 急加速时，节气门前的进气管压力(增压压力)为 106 kPa，明显小于系统要求的标准值150 kPa，而且比缓慢加速时的增压压力数据都小。此时发动机转速为 2 000 r/min，车速仍为 80 km/h，持续加速行驶，发动机故障灯便点亮报警，此时检测到的增压压力传感器的输出电压值从 2.8 V 下降到 2.0 V，且发动机动力明显下降。以上现象说明该车增压压力传感器及其线路或发动机控制模块有问题。

　　测量增压压力传感器的供电电路、信号电路及搭铁线路，均未见异常。将增压压力传感器的两个固定螺栓拆下，接上适配器 613470，在增压压力传感器感应头部连接上增压压力枪并进行加压，检查压力表与电压数据的变化情况，发现增压压力传感器的实际测量值（信号电压）与增压压力特性线对应的标准值不相符，说明增压压力传感器元件有故障。

● —— 【故障排除】 ——

更换增压压力传感器并清除故障码后试车，故障排除。

● —— 【故障原因】 ——

本案例中，当增压压力传感器发生故障时，测量值与实际增压特性曲线值进行比较出现偏差，发动机电子系统（DME）主动切断废气旁通阀，控制旁通阀完全打开，关闭涡轮增压器，并进入故障替代和保护模式，同时点亮发动机故障灯，以提示废气涡轮增压系统发生故障，因此，车辆的急加速性能受到影响。

● —— 【案例总结】 ——

这是一例因为增压压力传感器故障造成的故障案例。提醒各位维修人员，在进行"发动机功率下降"故障检查时，一定要检查与之相关的可疑故障点，要对发动机的结构有具体的了解，并能熟练使用汽车诊断的设备及诊断辅助设备（如适配器），针对排查思路进行模拟及测试排查。

任务二 检测发动机增压压力传感器

_____学时

班级：		组别：		姓名：		掌握程度： □优 □良 □及格 □不及格
实训目的	掌握增压压力传感器的检测方法。					
安全注意 事项	注意设备及个人安全防护，规范操作。					
教学组织	每辆车按6位学员（组长1人、主修1人、辅修1人、观察员1人、评分1人、质检1人）作业，循环操作。					

操作步骤演示

前期准备

微课

增压压力传感器
测量（一）

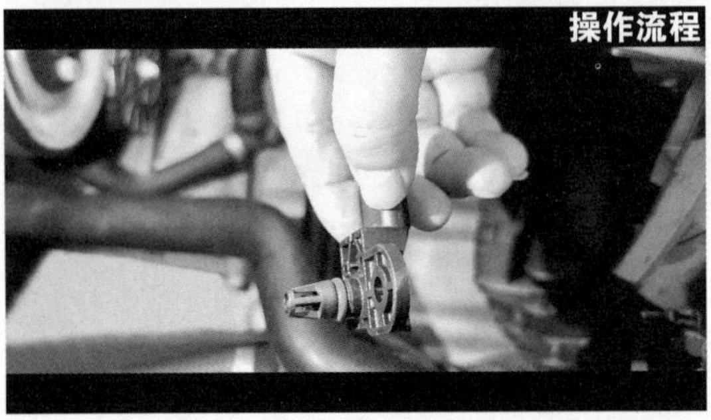

操作流程

微课

增压压力传感器
测量（二）

任务	作业记录内容 ☑ 正确 ☒ 错误
前期准备	□ 1. 护具——整车防护七件套（车外三件套——前翼子板垫/左右翼子板垫，车内四件套——转向盘套/脚垫/座椅套/变速器操作杆套），如图4-7和图4-8所示。 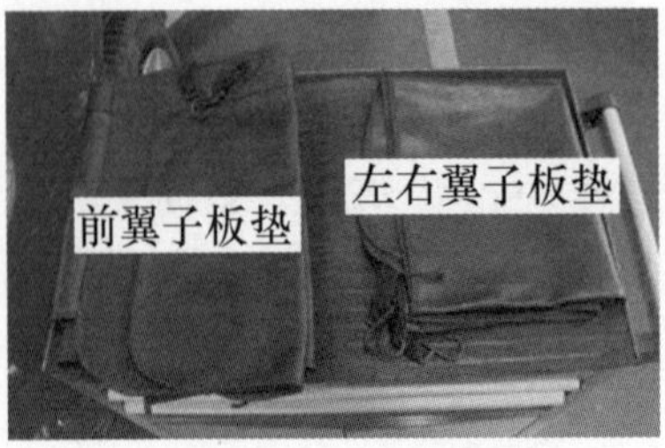

前翼子板垫　　左右翼子板垫

□ 图4-7 车外三件套

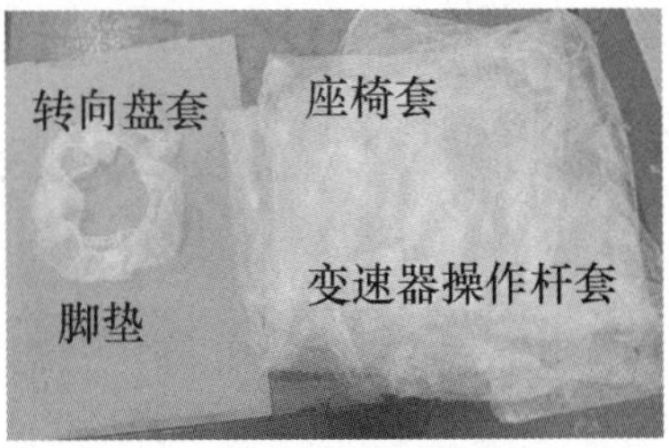

转向盘套　　座椅套

脚垫　　变速器操作杆套

□ 图4-8 车内四件套

前期准备	□ 2．工具——车辆（本实训任务以宝马 X3 为例）、世达工具（见图 4-9）、故障诊断仪（见图 4-10）、万用表、宝马专用拆装工具。 　　 　　□ 图 4-9　世达工具　　　　　□ 图 4-10　故障诊断仪 □ 3．耗材——清洗剂、软布（元器件拆装、检测及实训结束 6S 实施时均可用到）等，如图 4-11 和图 4-12 所示。 　　　　 　　□ 图 4-11　　清洗剂　　　　　□ 图 4-12　软布
安全检查	□ 1．检查车辆驻车制动器是否处于制动状态，变速器挡位是否处于空挡位置。 □ 2．在车辆前后放置车轮挡块。 □ 3．维修车辆前，需检查周围是否存在安全隐患。 □ 4．各维修技术人员注意相互配合，协调好工作。 □ 5．维修车辆时注意按照规范进行操作。 注意：维修过程中若有异常或异响，应立即停止当前作业并及时和老师联系，不得擅自处理。
防护工作	人身防护如图 4-13 所示。车身防护如图 4-14 所示。车内防护如图 4-15 所示。 注意：安全防护要到位。 　　　 　□ 图 4-13　人身防护　　□ 图 4-14　车身防护　　　□ 图 4-15　车内防护

一、操作步骤

□ 1．诊断思路：用故障诊断仪读取故障码，确定产生故障的传感器或执行器（比如电子节气门等），对有故障码的传感器或执行器读取其数据流，并用故障诊断仪读取有关的波形图，确定故障点。

□ 2．正确连接故障诊断仪与实训车辆，打开点火开关，进入故障诊断仪 ISTA 诊断软件，单击"DME 发动机电子系统"选项，如图 4-16 所示。读取增压压力传感器的故障码，如图 4-17 所示（由于使用 CAN 总线通信系统，因此也可以看到其他系统的故障码）。

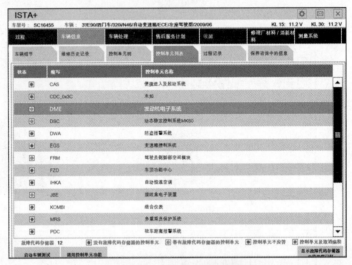

□ 图 4-16 进入发动机电子系统

□ 图 4-17 故障诊断仪读取增压压力传感器故障码

□ 3．退回到初始界面，如图 4-18 所示，并单击软件界面左上角的"过程"按钮。

操作流程

□ 图 4-18 初始界面

□ 4. 出现图 4-19 所示界面，单击"读取车辆数据"，根据界面要求，单击右下角的"完整识别"按钮，需输入车辆的信息，才可以读取车辆数据（包括发动机数据流）。

操作流程

□ 图 4-19 进入读取车辆数据模块

□ 5. 选择要读取的发动机增压数据流，如图 4-20 所示，节气门前增压压力标准为 131.625kPa（1316.25hPa），节气门前的实际增压压力为 108.563kPa（1085.63hPa），节气门后的进气管压力为 107.547kPa（1075.47hPa），接近标准大气压力，几乎没有增压，判断增压数据过低，初步判断增压压力传感器输出信号异常。

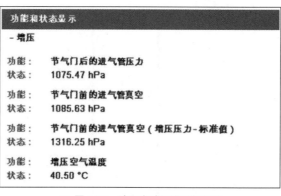

□ 图 4-20 读取发动机增压数据流

□ 6. 需检查传感器的工作条件（如工作条件良好，一般可确定传感器自身

操作流程	发生故障），根据维修资料中进气增压结构图，找到增压压力传感器位置，再到发动机上查找传感器的位置，如图 4-21 和图 4-22 所示。 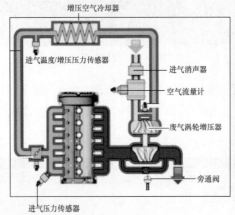 □ 图 4-21　结构图中增压压力传感器的位置　　□ 图 4-22　传感器在发动机中的位置实物图 □ 7. 根据进气温度/增压压力传感器连接电路图，查询传感器 4 个接线端子的线路连接，如图 4-23 所示。 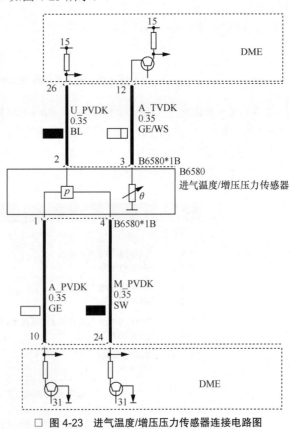 □ 图 4-23　进气温度/增压压力传感器连接电路图

操作流程	□ 8．如图 4-23 所示，在怠速情况下用万用表测量传感器的供电线 26 号针脚和搭铁之间的电压，电压标准值为 4.97V，实测的数据为_____V。随后在传感器端测量 2 号针脚，电压标准值也为 4.97V，实测的数据为_____V，说明传感器至 DME 之间的线路_____（正常或不正常）。 □ 9．如图 4-23 所示，在环境温度 20℃时测量 DME（发动机电子系统）的 12 端子与搭铁、传感器 3 号针脚与搭铁之间标准电压值均为 2.79V 左右，实际测量值是_____。说明进气温度传感器至 DME 信号正常且线路_____（正常或不正常）。 □ 10．在怠速情况下，测量传感器 1 号针脚和搭铁之间的电压，如测得电压值为 4.97V，此测量值说明信号正常。 □ 11．为了验证是否进入了紧急模式，随即在点火开关打开（不发动）和怠速两种情况下，测量了 24 号和 10 号针脚之间的电压（标准值应为 1.23V），如测得的电压值均为 4.97V，则该传感器已失效。 注意：在发动机控制单元判断增压压力传感器失效时，会记录故障码，并以替代值紧急运行。DME 内部将自动生成 1 个 5V 的替代值紧急运行。 □ 12．使用宝马专用拆装工具更换增压压力传感器，试车检测，再次在点火开关打开（不发动）和怠速两种情况下测量 24 号和 10 号针脚之间的电压，电压值均为 1.23V，说明故障排除。 □ 13．6S 整理，全车部件复原安装到位。 **二、注意事项** □ 1．各步骤按照实训工单的规范流程操作。 □ 2．注意人身和车身防护。 □ 3．实训结束后注意场地清洁。 **三、技术要求** □ 1．四到位：防护到位，工具到位，设备到位，耗材到位。 □ 2．正确使用万用表对传感器进行检测诊断。 □ 3．防止线束的拉扯及插头的错误拆装。 □ 4．实训结束，不要在实训车辆上遗落螺栓、配件、工具等。
质检验收	□ 起动发动机，检查发动机是否能正常起动。　　　　是 □　否 □ □ 同实训老师试车确认。　　　　　　　　　　　　　是 □　否 □ □ 检查仪表盘上是否有报警灯点亮。　　　　　　　　是 □　否 □ □ 与实训工单对照检查实施项目是否完成。　　　　　是 □　否 □
检查与评估	
6S 管理规范 （教师点评）	□ 整理　□ 整顿　□ 清扫　□ 清洁　□ 素养　□ 安全
成绩评定 （学生总结）	小组对本人的评定：□ 优　□ 良　□ 及格　□ 不及格 学生本次任务成绩：□ 优　□ 良　□ 及格　□ 不及格

专业考核评分表——检测发动机增压压力传感器

班级：		组别：	组长：		日期：		
技术标准： 1. 增压压力传感器检测操作流程；2. 数据流中标准数据及万用表测量电压标准数据							
序号	作业项目	考核内容	考核标准	分值	扣分	得分	
1	准备环节	车辆防护（车内、车外防护）	选错1次扣2.5分	5			
2		正确选用工具及使用工具	用错1次扣2.5分	5			
3	故障诊断仪检测环节	连接故障诊断仪与车辆，进入ISTA诊断软件读取故障码	按照流程规范检测，错1次扣2.5分	10			
4		读取并分析产生故障码传感器（执行器）的数据流		20			
5	万用表检测环节	查找增压压力传感器的位置	按照流程规范检测，错1次扣2.5分	5			
6		对照实训工单上提供的电路图，正确识别传感器各端子		10			
7		增压压力传感器供电检查		10			
8		增压压力传感器在点火开关打开及怠速时的信号检测		10			
9		进气温度传感器信号检查		15			
10	项目实训时间		0~10min 10分 >10~12min 8分 >12~14min 5分 >14min 0分	10			
质检员：		评分员：		合计得分			
教师点评：							
团队合作： 优秀 □ 良好 □ 及格 □　　　**分工明确：** 优秀 □ 良好 □ 及格 □ **专业标准：** 优秀 □ 良好 □ 及格 □　　　**操作规范：** 优秀 □ 良好 □ 及格 □							
教师签字：　　　　　　　　　　　　　　　　　　　　　　　　年　　月　　日							

注：实训未按规范操作，导致出现设备损坏或人身伤害，本次考核记0分。

任务一　BMW 发动机配气系统认知

_____学时

班级：	组别：	姓名：	掌握程度： □优　□良　□及格　□不及格

一、工作任务

1. 了解可变气门控制系统的组成。

2. 掌握进气凸轮轴与曲轴相对位置的调整机构（VANOS 系统）的组成。

二、任务认知

1. 可变气门控制系统认知

（1）可变气门控制系统的进气门开度可从最深_____mm 到最浅_____mm 无级调节，整体变化可在_____s 内完成。

（2）可变气门控制系统的组成如图 5-1 所示，查询资料，填写各部分的名称。

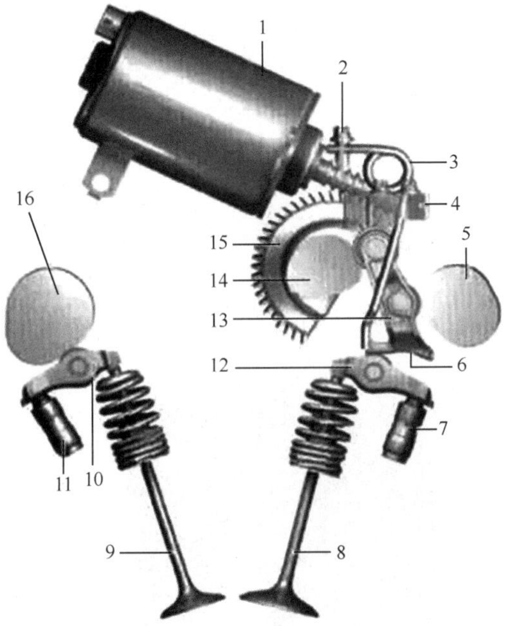

1 _____ ;	2 _____ ;
3 _____ ;	4 _____ ;
5 _____ ;	6 _____ ;
7 _____ ;	8 _____ ;
9 _____ ;	10 _____ ;
11 _____ ;	12 _____ ;
13 _____ ;	14 _____ ;
15 _____ ;	16 _____ 。

图 5-1　可变气门控制系统

① 偏心轴传感器的作用。宝马发动机的偏心轴传感器外观及安装位置如图 5-2（a）、5-2（b）所示。其作用是在装备可变气门控制系统时探测偏心轴的位置，通过测量偏心轴转角，为调节气门升程功能提供参数。偏心轴传感器将偏心轴位置发送给_____或_____，进而调整凸轮轴，使得在每种运行状态下都能达到最佳的进气门_____（进气门升程可无

级调整）。偏心轴由_____控制伺服电动机调整，偏心轴传感器的测量角度范围
为_____。

（a）外观

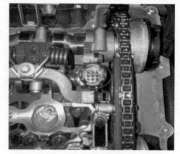

（b）安装位置

图 5-2　偏心轴传感器

② 偏心轴传感器的工作原理。偏心轴传感器装备了两个相互独立的、具有相反特性线
的角度传感器元件。偏心轴传感器根据磁阻效应（铁磁导体在磁场的作用下改变其电阻）原
理工作。该传感器采用冗余设计结构，两个角度传感器元件安装在一个壳体内，一个角度传
感器承担引导任务，该任务由_____监控。当附近磁场更改位置时，铁磁导体就
会改变自身的电阻。为此偏心轴上装有一个带有永久磁铁的磁轮，如图 5-3（a）所示。偏心
轴旋转时，这些磁铁的磁力线就会穿过传感器内的导磁材料，由此产生的电阻变化通过发动
机控制单元换算为气门行程。因此必须用一个_____将磁轮固定在偏心轴上，否
则传感器无法正常工作。

偏心轴传感器由 9 个接线端子组成，如图 5-3（b）所示。

1：P-CSIS 为角度传感器 1 的信号线；2：空脚；3：T-DATIS 为角度传感器 1 的信号线；
4：屏蔽线；5：搭铁线；6：电源线（5V 供电）；7：P-CS2S 为角度传感器 2 的信号线；
8：偏心轴传感器的频率信号线；9：T-DAT2S 为角传感器 2 的信号线。

1—磁轮；2—固定螺栓；3—偏心轴传感器

（a）

（b）

图 5-3　偏心轴传感器的磁轮和接线端子

2．VANOS 系统组成

查询资料，填写 B58 发动机 VANOS 系统各部分的名称，如图 5-4 所示。

1 为左下链板；2 为中间链条；3 为_____；4 为左侧链板；5 为排气凸轮 VANOS 链轮；6 为进气凸轮 VANOS 链轮；7 为_____；8 为_____；9 为_____；10 为曲轴链轮；11 为机油泵链条；12 为机油泵传动链轮。

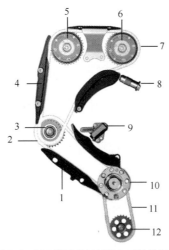

图 5-4　B58 发动机 VANOS 系统的组成

·· ◇ 案例分享 ◇ ··

——————【故障现象】——————

一辆行驶里程约 9 万 km，配置 N20 发动机的宝马 525Li，车主反映该车辆行驶中，发动机故障灯报警，且中央信息显示屏显示"传动系统故障"，但车辆可以正常起动，加速也正常。

——————【故障诊断】——————

维修人员接车后，首先连接宝马故障诊断仪，诊断仪显示故障内容如下。

"1F5101 DME，内部故障，车内温度传感器：温度过高。

133304 DME，内部故障，电子气门控制系统（VTC）：部件保护，系统关闭。

135401 DME，内部故障，电子气门控制系统：末级过载。

1F0904 DME，内部故障，电子气门控制系统：功能异常。

133202 电子气门控制伺服电动机，控制线：对地短路。

133011 电子气门控制系统，供电电压：功能异常。

135608 电子气门控制系统：未识别到运动。"

这款 N20 发动机气门机构由全变量气门升程控制装置（可变气门控制系统）和可调式凸轮轴控制装置（双凸轮可变正时控制系统）组成，因此能够自由选择进气门的关闭时刻。气门升程控制只在进气侧进行，凸轮轴控制在进气侧和排气侧进行。

电子气门控制系统采用的是第三代电子气门控制伺服电动机。第三代电子气门控制伺服电动机也包含用于识别偏心轴位置的传感器，它采用的是带集成位置传感器的无刷直流电动机。这种直流电动机因其非接触转换方式而无须保养并且功能强劲（效率更高）。使用集成式电子模块，可以精确控制电子气门控制伺服电动机。电子气门控制伺服电动机最大电流限制为40A。在超过200ms的时间内有最大20A的电流可供使用。按脉冲宽度调制控制电子气门控制伺服电动机。脉冲负载参数在5%～98%。

电子气门控制伺服电动机由数字式发动机电子系统（DME）用5V电压进行供电。DME通过5个霍尔传感器接收信号测定电子气门控制伺服电动机转角。其中3个霍尔传感器进行粗略的测定，另外2个进行细微测定。这样DME通过比较、计算便能测定7.5°以下的电子气门控制伺服电动机转角。通过蜗轮轴传动比能够非常精确和迅速地调节气门升程。

装备电子气门控制系统时，控制电子节气门调节器可执行下列功能。
① 车辆起动（暖机过程）；
② 怠速控制；
③ 满负荷运转；
④ 紧急运行。

DME根据加速踏板位置和其他参数计算出电子气门控制系统的相应位置。DME控制电子气门控制伺服电动机，伺服电动机通过一个蜗杆传动装置驱动气缸盖油室中的偏心轴。

DME持续监控偏心轴传感器的两个信号，监控这些信号是否单独可信和相互可信；这两个信号相互间不允许有偏差；在短路或损坏时，这些信号在测量范围之外。另外，DME还持续检查偏心轴的实际位置与标准位置是否相符，由此可看出机械机构是否动作灵活。

如果不能识别偏心轴的当前位置，则阀门会被打开到最大（紧急运行）。

为了满足DME工作要求，在气门开启位置，须通过调校方式补偿气门机构内的公差。在调校过程中，调校到偏心轴的机械限位时停止并存储此时的学习位置。该位置用作计算当前气门升程的基础。并在每次起动时将偏心轴位置与学习位置数值相比较，适应发动机正常起动与运转。如果在某次维修后识别到偏心轴的另一个位置，则继续调校并记录新的学习位置；此外可以通过诊断系统调用调校功能。

根据以上资料，维修人员对该车使用故障诊断仪进行调校，但在诊断仪的"服务功能"界面中学习失败。对该故障车辆删除故障码。对发动机控制器进行重新编程，再次起动，发动机依旧报警。故障码"135608 电子气门控制系统：未识别到运动"一直存在，无法删除掉。

维修人员检查DME到电子气门控制伺服电动机之间的导线正常，DME供电、搭铁正常。执行检测计划，系统建议更换DME和伺服电动机。拆卸下伺服电动机，发现伺服电动机蜗杆的最上部有变形的位置，并且偏心轴齿轮对应的位置也有很深的磨损痕迹。分析电动机在调整的过程中发生了卡滞现象，这和故障码"135608 电子气门控制系统：未识别到运动"比较相符。

────── 【故障排除】 ──────

根据检查的结果，更换 DME、伺服电动机、偏心轴，删除故障码。再通过 ISTA 系统对电子气门系统进行极限位置学习，学习成功，故障彻底排除。

────── 【故障原因】 ──────

这是一个因为电子气门系统故障造成的故障案例。

────── 【案例总结】 ──────

宝马发动机的 VANOS 系统，无论是进气凸轮轴还是排气凸轮轴的调节时间都与加速踏板位置和发动机转速有关，而且气门开度大小与发动机的工况条件相配合，具有特殊结构。所以重点掌握配气机构伺服电动机的构造及工作原理，掌握电子气门控制伺服电动机初始位置学习（包含故障检测、故障判断、元件更换）能够极大地帮助此方面故障的维修。

任务二　拆装 BMW 气门传动组件

_____学时

班级：		组别：		姓名：		掌握程度： □优　　□良　　□及格　　□不及格
实训目的		掌握气门传动组件的拆装流程。				
安全注意 事项		注意设备及个人安全防护，规范操作。				
教学组织		每辆车安排 6 位学员（组长 1 人、主修 1 人、辅修 1 人、观察员 1 人、评分 1 人、质检 1 人）作业，循环操作。				
操作步骤 演示		拆卸流程 安装流程 拆卸流程		微课 气门升程 电机拆装（一） 微课 气门升程 电机拆装（二） 微课 气门传动组件 拆装（一）		

操作步骤 演示	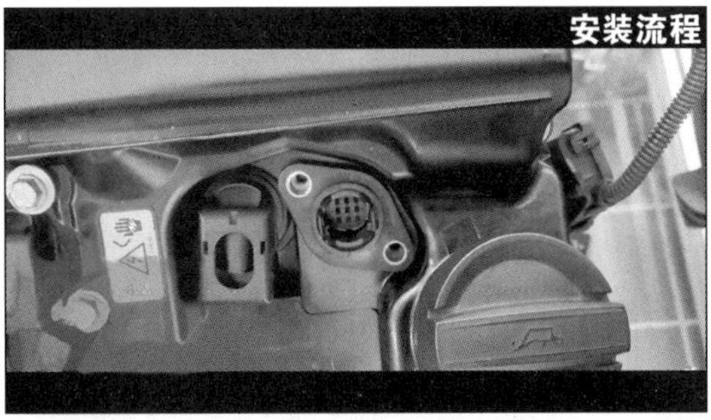 安装流程 微课 气门传动组件 拆装（二）
任务	作业记录内容　☑ 正确　☒ 错误
前期准备	□ 1．护具——整车防护七件套（车外三件套——前翼子板垫/左右翼子板垫，车内四件套——转向盘套/脚垫/座椅套/变速器操作杆套），如图5-5 和图5-6 所示。 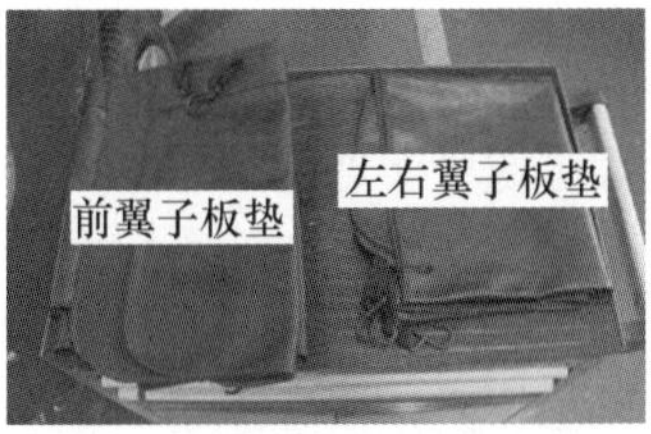 　　 □ 图5-5　车外三件套 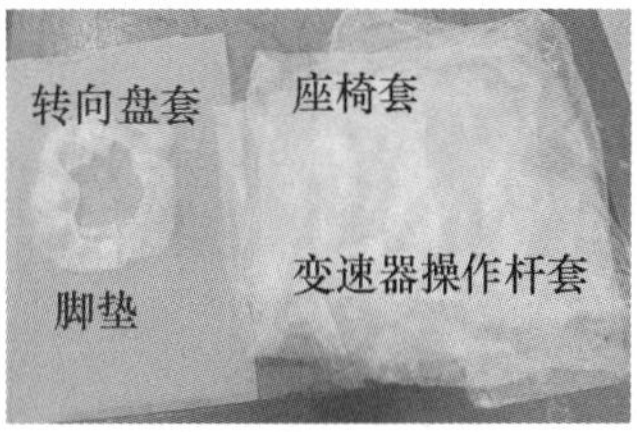　　　　　　　　□ 图5-6　车内四件套 □ 2．工具——车辆（本实训任务以宝马 525 为例）、世达工具（见图5-7）、故障诊断仪（见图5-8）、宝马专用拆装工具。 □ 3．耗材——偏心轴传感器及其密封件清洗剂、软布（元器件拆装、检测及实训结束 6S 实施时均可用到）等，如图5-9 所示。  　　 □ 图5-7　世达工具 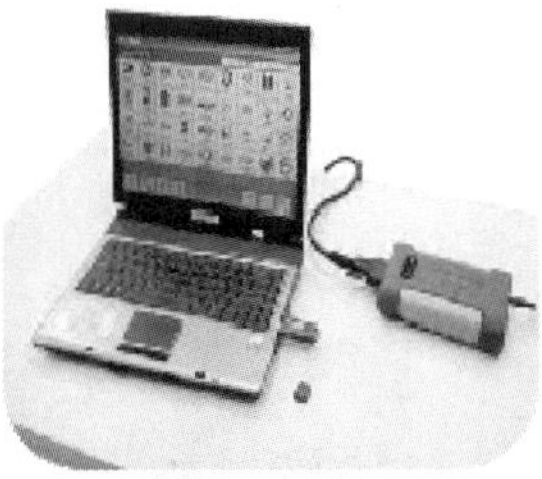　　　□ 图5-8　故障诊断仪 　　　□ 图5-9　软布
安全检查	□ 1．检查车辆驻车制动器是否处于制动状态，变速器挡位是否处于空挡位置。 □ 2．在车辆的前后放置车轮挡块。 □ 3．维修车辆或台架时，检查车辆或台架周围是否存在安全隐患。 □ 4．运用软件查询维修参数，主、副操作手之间要协调好工作。 □ 5．拆装发动机时注意规范操作。 注意：维修过程中若有异常或异响，应立即停止当前作业并及时和老师联系，不得擅自处理。

防护工作	人身防护如图 5-10 所示。车身防护如图 5-11 所示。车内防护如图 5-12 所示。 注意：安全防护要到位。    ☐ 图 5-10　人身防护　　图 5-11　车身防护　　☐ 图 5-12　车内防护
操作流程	一、操作步骤 **步骤一　拆卸气缸盖罩** ☐ 1. 拔出风窗框板上的密封条（见图 5-13）。 ☐ 2. 松开发动机制动管道的固定螺栓（见图 5-13）。 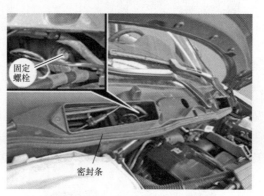 ☐ 图 5-13　密封条和固定螺栓 ☐ 3. 松开右侧电控箱盖板的螺母 1、3 和固定螺栓 4，沿图 5-14 所示箭头方向抬起盖板 2，用软布支撑盖板。 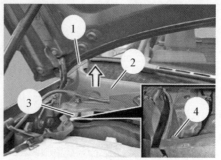 1、3—螺母；2—盖板；4—固定螺栓 ☐ 图 5-14　抬起盖板

<table>
<tr>
<td>操作流程</td>
<td>

□4. 拆卸右侧盖板，拆下电控箱盖板 1，从电控箱上松开导线束的橡胶密封件 2，将导线束 3 捆到发动机罩上，如图 5-15 所示。

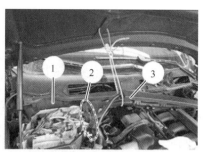

1—电控箱盖板；2—橡胶密封件；3—导线束

□ 图 5-15　拆卸右侧盖板

□5. 将插头 1 从电子节温器上松脱并拆下，松脱并拔下油压开关的插头 2，将冷却液温度传感器插头 3 拆卸下来，从喷射管上拔下油轨压力传感器插头 4，松脱氧传感器电缆 5，如图 5-16 所示。

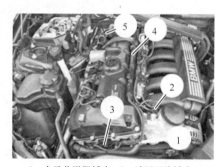

1—电子节温器插头；2—油压开关插头；
3—冷却液温度传感器插头；4—油轨压力传感器插头；
5—氧传感器电缆

□ 图 5-16　线束插头（一）

□6. 松脱气门伺服电动机插头 3，将搭铁线插头 2 从发动机上松开，将伺服电动机插头从偏心轴调整电动机上松脱并拆下，如图 5-17 所示。

1—偏心轴位置传感器插头；2、4—搭铁线插头；3—气门伺服电动机插头

□ 图 5-17　线束插头（二）

</td>
</tr>
</table>

操作流程	□ 7. 将插头 2 从点火线圈 1 中松脱并拔下，将电缆盒从气缸盖罩上松脱并拔下，拆卸点火线圈 1，如图 5-18 所示。  1、3—点火线圈；2—点火线圈插头 □ 图 5-18　点火线圈 □ 8. 松开并拔出通风软管 1，如有必要将片形支架 2 沿图 5-19 所示箭头方向拔出，拆卸伺服电动机上的固定螺钉 3，取下伺服电动机 4。 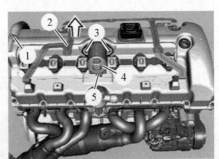 1—通风软管；2—片形支架；3、5—固定螺钉；4—伺服电动机 □ 图 5-19　伺服电动机 □ 9. 拆卸气门室盖 1 上的固定螺栓 2，如图 5-20 所示。 □ 10. 拆卸气门室盖，拆卸过程中要注意以下几点。 （1）必须先拆下气缸盖点火线圈的开槽轴套（点火线圈定位用），并更换轴套，如图 5-21 所示。 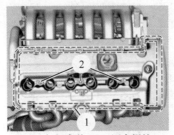  1—气门室盖；2—固定螺栓　　　　1、2—开槽轴套 □ 图 5-20　气门室盖上的固定螺栓　　□ 图 5-21　开槽轴套

（2）清洁气缸盖与气门室盖上的所有密封件1、2的密封面，如图5-22所示。

（3）不得采用切削工具清洁密封面上的残留物，以免破坏密封面。

（4）更换新的气门室盖与气缸盖之间的密封件1、2，如图5-22所示。

步骤二　拆卸和安装偏心轴传感器

□ 1．拆下点火线圈盖，松脱偏心轴传感器插头，如图5-23所示。

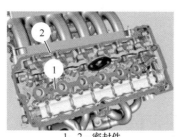 

1、2—密封件

□ 图5-22　密封面　　　　　　□ 图5-23　偏心轴传感器

□ 2．用专用工具2将密封件1翘起，按逆时针旋转并拆卸偏心轴传感器密封件1，如图5-24所示。

 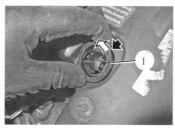

1—密封件；2—专用工具

□ 图5-24　偏心轴传感器拆卸

□ 3．清洁密封面。如有必要，更换新的偏心轴传感器密封件。

□ 4．拆下旧的偏心轴传感器，安装新的偏心轴传感器。装配好点火线圈盖。

□ 5．安装伺服电动机及其他相关附件。

□ 6．起动发动机，检查是否能正常起动，并提高发动机转速，检查偏心轴传感器及车辆工作状态。

二、注意事项

□ 1．准备工作一定注意四到位：防护到位，工具到位，设备到位，耗材到位。

□ 2．注意各步骤按照规范流程操作。

□ 3．实训结束保持实训场所整洁。

三、技术要求

□ 1．注意螺栓的安装扭矩大小。

操作流程

操作流程	□ 2．防止正时机构的误拆卸。 □ 3．注意检查新配件是否存在故障，并进行新、旧配件对比。 □ 4．注意打开发动机罩时需清洁发动机。 □ 5．实训过程中，应严格按照 6S 管理规范进行操作，注意螺钉、配件、工具摆放和使用等。	
质检验收	□ 同实训老师确认拆卸设备等是否安装完成。	是□ 否□
	□ 起动发动机，检查发动机是否能正常起动。	是□ 否□
	□ 检查仪表盘上是否有报警灯报警。	是□ 否□
	□ 与实训工单对照检查项目是否完成。	是□ 否□
	□ 实训结束，检查诊断设备是否遗漏在车上。	是□ 否□
检查与评估		
6S 管理规范 （教师点评）	□ 整理　　□ 整顿　　□ 清扫　　□ 清洁　　□ 素养　　□ 安全	
成绩评定 （学生总结）	小组对本人的评定：□ 优　　□ 良　　□ 及格　　□ 不及格 学生本次任务成绩：□ 优　　□ 良　　□ 及格　　□ 不及格	

专业考核评分表——拆装BMW气门传动组件

班级：		组别：	组长：		日期：		
技术标准：气门组件拆装流程							
序号	作业项目	考核内容	考核标准	分值	扣分	得分	
1	准备环节	正确选用工具	选错1次扣2.5分	5			
2		正确使用工具	用错1次扣2.5分	5			
3	拆装流程	拆卸密封条	按照拆装流程规范操作，错1次扣2.5分	10			
4		拆卸电控箱盖板		5			
5		拆下相关线束、水管，拆卸点火线圈		10			
6		拆卸伺服电动机		10			
7		更换开槽轴套		10			
8		清洁密封面、更换密封件		10			
9		拆卸和安装偏心轴传感器		10			
10		安装点火线圈及其他相关附件，安装伺服电动机		10			
11		试车，检查车辆工作状态		5			
12	项目实训时间		0～13min 10分 ＞13～15min 8分 ＞15～17min 5分 ＞17min 0分	10			
质检员：		评分员：		合计得分			

教师点评：

团队合作：优秀 □ 良好 □ 及格 □   **分工明确**：优秀 □ 良好 □ 及格 □

专业标准：优秀 □ 良好 □ 及格 □   **操作规范**：优秀 □ 良好 □ 及格 □

教师签字： 年 月 日

注：实训未按规范操作，导致出现设备损坏或人身伤害，本次考核记0分。

实训项目六　BMW 发动机冷却液更换

任务一　BMW 发动机冷却系统认知

_____学时

班级：	组别：	姓名：	掌握程度： □优　□良　□及格　□不及格

一、工作任务

1. 了解 BMW 发动机冷却系统的组成及各部件的作用。

2. 掌握冷却液的更换流程和冷却系统排空的方法和步骤。

二、任务认知

1. BMW 冷却系统的认知

（1）N20 发动机冷却系统的组成部分：散热器、百叶窗、冷却液温度传感器、_____、_____、散热风扇、膨胀水壶等。

（2）冷却液更换的周期建议为_____年或_____km。

（3）填写图 6-1 所示的部件名称。

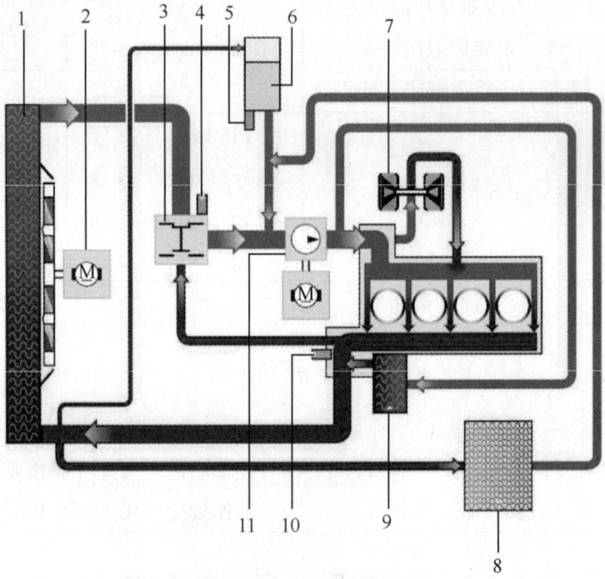

图 6-1　冷却系统结构图

　　1 为_____；　2 为_____；　3 为_____；　4 为特性曲线式节温器（即电子节温器）加热器；5 为电动液位传感器；6 为_____；7 为涡轮增压器；8 为_____；9 为发动机油冷却液热交换器；10 为冷却液温度传感器；11 为_____。

2．电子节温器

（1）电子节温器的作用：发动机控制系统根据发动机转速、负荷、进气温度、车辆行驶速度、_____等针对性地加热电子节温器的_____元件，以根据需求控制_____来影响冷却液温度。

（2）电子节温器的结构如图 6-2 所示。

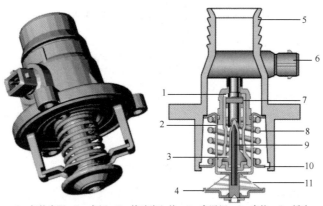

1—加热电阻；2—主阀；3—橡胶嵌入件；4—旁通阀；5—壳体；6—插头；
7—工作元件壳体；8—主弹簧；9—工作活塞；10—横杆；11—旁通弹簧

图 6-2　电子节温器的结构

（3）电子节温器的安装位置：电子节温器固定在_____壳体上。

3．电动冷却液泵

电动冷却液泵（见图 6-3）的工作原理:发动机控制单元根据_____负荷、工作范围、温度传感器信号来控制电动冷却液泵，并且电子控制装置自动调节电动冷却液泵的_____，从而实现流量控制。

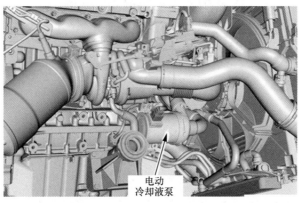

图 6-3　电动冷却液泵

4．散热器百叶窗

（1）工作原理：发动机根据冷却液_____、变速器油温、机油温度、电子节温器的电流、负荷信号、发动机转速、行驶速度、电动风扇转速计算需要的制冷功率。只有确实需要提高冷却空气量时，发动机控制单元才打开＿＿＿＿＿＿，如图6-4所示。

图6-4　散热器百叶窗

（2）散热器百叶窗驱动装置的作用：在需要时散热器百叶窗才会被打开，从而调节发动机和机组冷却的＿＿＿＿＿＿供应。

□ 案例分享 □

【故障现象】

一辆BMW E60 520i轿车搭载了M54型6缸发动机，行驶里程超16.6万km，据车主反映，车辆正常行驶中仪表盘上的冷却液温度警告灯突然点亮，如图6-5所示，中央显示屏出现冷却液温度过高的信息提示。

图6-5　中央显示屏界面

【故障诊断】

1. 连接故障诊断仪进行整车检测，并没有发现发动机冷却系统温度过高的故障。

2. 检查冷却液液面，发现在正常范围内，打开空调或通过故障诊断仪进行测试，风扇运转正常。

3. 使车辆原地怠速工作约1h，并没有出现车主反映的故障现象，冷却液温度数据也正常，发动机冷却液温度为105℃，散热器出口的冷却液温度为63℃，打开发动机舱盖可以看到风扇电动机偶尔低速运转。进行路试，中高速行驶了几十千米也没有出现冷却液温度报警。

【故障排除】

1. 通过再次与车主沟通，发现该车故障多数发生在城市路面。于是连接故障诊断仪后，以 40～60km/h 的车速进行走走停停的路试，并刻意提高发动机的转速，路试约 0.5 h，观察到故障诊断仪中的数据出现了异常，如图 6-6 所示，散热器（即水箱）出口的冷却液温度突然快速下降，但发动机冷却液温度却快速升高，冷却液温度警告灯点亮。原地停车一会儿，仪表盘和显示屏中的报警自然消失了，冷却液温度的数据也恢复了正常。

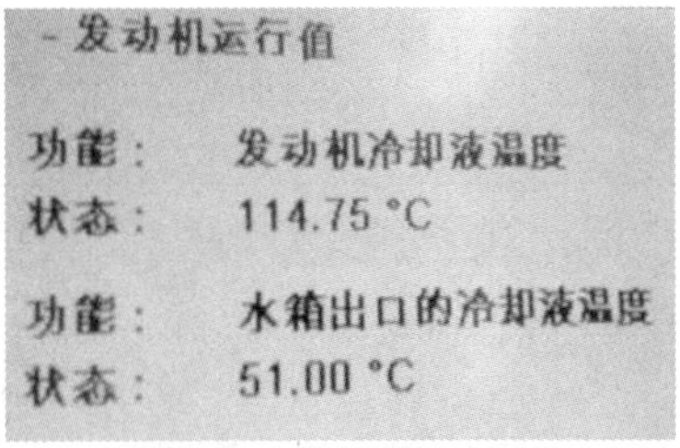

```
-发动机运行值

功能：  发动机冷却液温度
状态：  114.75 ℃

功能：  水箱出口的冷却液温度
状态：  51.00 ℃
```

图 6-6　诊断仪显示界面

2. 数据流表明电子节温器的开启时间滞后。电子节温器并不是完全不能打开，只是完全打开就会持续高温。

3. 更换电子节温器，读取数据流，发现数据流正常，路试，故障排除。

【故障原因】

本案例故障原因主要有以下几方面。

1. 电动冷却液泵及其线路故障。

2. 电子节温器及其线路故障。

3. 电动风扇及其线路故障。

4. 缺少冷却液（散热器、水管等位置漏液）。

5. 气缸垫损坏（发动机冲床）。

【故障分析】

在 BMW 车型中，冷却液温度故障是比较常见的现象，本案例车辆突发仪表盘冷却液温度过高报警提示，通常我们判断故障的思路都是要由简到难，所以先检查冷却液液位和发动机故障码，来找一些线索。通过发动机数据流，观察散热器进、出口温度，来判断冷却系统大、小循环情况，从而最终断定电子节温器故障（打开延迟）。更换电子节温器，故障得以排除。

【案例总结】

对冷却系统进行故障诊断与排除时，需将其电路和实物结合起来分析，合理利用故障诊断仪数据流，才可准确地找到故障发生的原因，并采取相对应的方法予以排除。

任务二　更换 BMW 发动机冷却液

_____学时

班级：		组别：		姓名：		掌握程度： □优　□良　□及格　□不及格
实训目的		掌握 BMW 发动机冷却液更换流程。				
安全注意 事项		注意设备及个人安全防护，规范操作。				
教学组织		每辆车安排 6 位学员（组长 1 人、主修 1 人、辅修 1 人、观察员 1 人、评分 1 人、质检 1 人）作业，循环操作。				
操作步骤 演示		 操作流程		 微课 发动机冷却液更换		
任务		作业记录内容　☑ 正确　☒ 错误				
前期准备		□ 1. 护具——整车防护七件套（车外三件套——前翼子板垫/左右翼子板垫， 车内四件套——转向盘套/脚垫/座椅套/变速器操作杆套），如图 6-7 和图 6-8 所示。 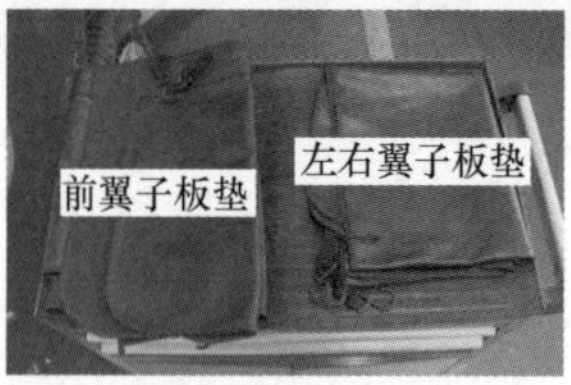 前翼子板垫　左右翼子板垫 □ 图 6-7　车外三件套 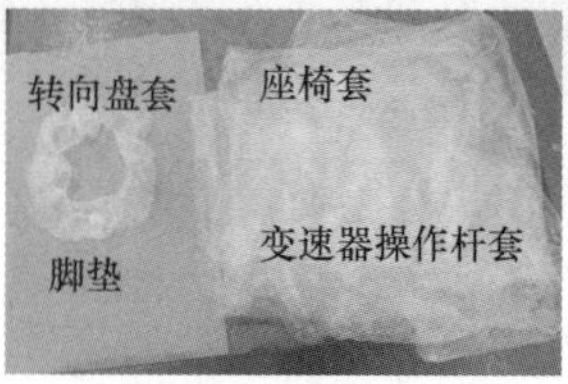　　　　　　□ 图 6-8　车内四件套 转向盘套　座椅套　脚垫　变速器操作杆套 □ 2. 工具——车辆（本实训任务以 BMW 320Li 为例）、世达工具（见图 6-9）、 故障诊断仪、冷却液真空加注装置（见图 6-10）、高压气源等。 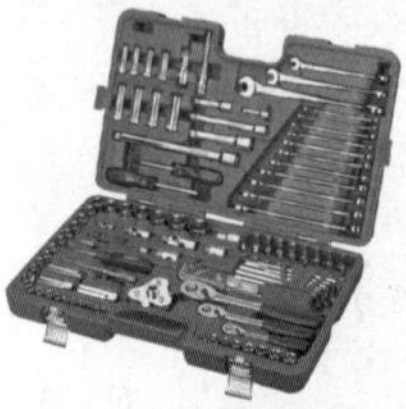 □ 图 6-9　世达工具 　　　　　　□ 图 6-10　冷却液真空加注装置				

前期准备	□ 3．耗材——原厂冷却液（见图 6-11）、软水（最好是蒸馏水）、软布（元器件拆装、检测及实训结束 6S 实施时均可用到）（见图 6-12）等。 □ 图 6-11　原厂冷却液　　　　　　　　□ 图 6-12　软布
安全检查	□ 1．检查车辆驻车制动器是否处于制动状态，变速器挡位是否处于空挡位置。 □ 2．在车辆前后放置车轮挡块。 □ 3．举升车辆前，检查实训台架及周围是否安全。 □ 4．举升车辆至高出地面 10～20cm，检查举升机支点位置。 □ 5．举升车辆时，检查举升机举升过程中有无异常、异响。 注意：举升过程中若有异常或异响，应立即停止当前作业并及时汇报老师，不得擅自处理。
防护工作	人身防护如图 6-13 所示。车身防护如图 6-14 所示。车内防护如图 6-15 所示。 □ 图 6-13　人身防护　　　□ 图 6-14　车身防护　　　□ 图 6-15　车内防护
操作流程	一、操作步骤 **步骤一　释放冷却液（高温时禁止对冷却系统进行维修操作）** □ 1．打开发动机舱盖，须用高压气体清洁发动机舱，目视检查有无冷却液泄漏，如图 6-16 所示。 □ 图 6-16　发动机舱

操作流程

□ 2．松开冷却液膨胀水箱上的密封盖，如图 6-17 所示。松开时应用软布盖住密封盖。注意：关闭密封盖时，要安装到位（与箭头标记对齐）。

□ 3．检查冷却液液位。对于冷态发动机，冷却液液位必须达到 min 标记处；对于热态发动机，冷却液液位必须达到 max 标记处，如图 6-18 所示。

□ 图 6-17　密封盖

□ 图 6-18　检查冷却液的液位

□ 4．拆除发动机下部的护板 3 上的固定螺栓 1 和对应卡扣 2，如图 6-19 所示。拆下发动机护板。

□ 5．排放发动机冷却液。松开并拔下散热器（也称水箱）左侧和右侧的冷却液软管，放出冷却液，如图 6-20 所示。

1—固定螺栓；2—卡扣；3—发动机护板

□ 图 6-19　发动机护板拆除

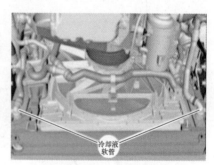

□ 图 6-20　冷却液软管

注意：如图 6-21 所示，打开密封盖之前必须查看其与膨胀水箱上的箭头标记是否对齐。

□ 图 6-21　密封盖和膨胀水箱的标记对齐

操作流程	□6．接回冷却液软管（见图6-20），在膨胀水箱中加入软水进行内部清洗。 □7．再次拆除冷却液软管，放掉剩余残液。 □8．用气枪在膨胀水箱处给系统加压，便于排除残液。 □9．接回冷却液软管，卡扣必须安装到位。 **步骤二　添加冷却液** □1．如图6-22所示，向装有冷却液的容器3加入5 L原厂冷却液，根据原厂1:1的体积比要求，再向容器加入5 L的软水。 □2．采用真空加注装置加注冷却液，首先对各组件进行认知，掌握其使用方法，如图6-22所示。 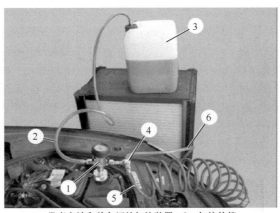 1—带真空计和单向阀的加注装置；2—加注软管； 3—装有冷却液的容器；4—文丘里喷嘴； 5—压缩空气软管（最大0.6MPa）； 6—排气软管（将排气软管引入一个容器中） □**图6-22　冷却液真空加注装置** 加注过程中应注意以下几点。 □（1）在用真空加注装置将冷却液加注到冷却系统之前，先检查发动机及真空加注装置的所有冷却液软管连接是否完整牢固、是否有破裂等。 □（2）检查发动机冷却系统膨胀水箱，应该是空的。 □（3）调整装有冷却液的容器3中预混合的冷却液量，容器中冷却液应比原来发动机冷却液多1～2 L。 □（4）将装有冷却液的容器3放置在冷却液膨胀水箱相同的高度上。 □（5）需使用约0.6MPa的压缩气体。 □3．用专用工具组中适合的适配接口2将加注装置1连接到发动机冷却液膨胀水箱上。单向阀A和B必须关闭，如图6-23所示。 □4．将文丘里喷嘴1连接到加注装置2上，如图6-24所示。 □5．连接压缩空气软管，并打开单向阀B，文丘里喷嘴将产生气体流动噪声，如图6-25所示。

1—加注装置；2—适配接口；
A、B—单向阀

1—文丘里喷嘴；2—加注装置

□ 图 6-23　适配接口接到散热器　□ 图 6-24　连接文丘里喷嘴　□ 图 6-25　接入压缩空气

□ 6. 如图 6-26（a）所示，打开单向阀 A，直到图 6-26（a）中充气软管充满冷却液为止。重新关闭单向阀 A，如图 6-26（b）所示。这样加注软管就完成排气了。

操作流程

（a）排除管道空气　　　　　　（b）关闭单向阀 A

□ 图 6-26　排除管道空气并关闭单向阀 A

□ 7. 单向阀 B 继续保持打开状态约 1 min，持续抽真空。如图 6-27 所示，当发动机冷却系统的真空为指针处于绿色区域时，关闭单向阀 B，冷却系统保持真空 30 s。如果真空计中的值下降，则说明冷却系统中有泄漏。如果真空保持恒定，便可以继续进行加注了。有泄漏时需要检查冷却系统的密封性。

□ 图 6-27　抽取真空并保持

□ 8. 拔掉真空管，加注冷却液时，单向阀 B 保持关闭，打开单向阀 A，如图 6-28 所示。开始加注冷却液，如果真空计的指针逐渐指向"0cmHg"，或不再下降，便说明加注过程结束了。

□ 9. 打开单向阀 B，如图 6-28 所示，排出剩余的真空，将加注装置连同适配接口一起，从发动机冷却液膨胀水箱上拆下，如图 6-29 所示。

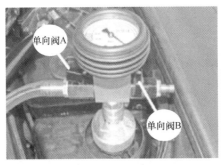

单向阀A
单向阀B

□ 图 6-28　加注冷却液

□ 图 6-29　拆卸加注装置

□ 10．调整冷却液液位，直到液面到达 max 位置，如图 6-30 所示，然后关闭密封盖。

（a）调整冷却液液位

（b）冷却液液位

□ 图 6-30　调整冷却液液位

操作流程

□ 11．用软布擦拭有水渍的地方，检查冷却系统是否漏液。

□ 12．打开点火开关起动发动机大约 5min，再次检查冷却系统是否漏液。

步骤三　车辆测试

□ 起动车辆，用 ISTA（BMW 检测系统）及故障诊断仪观察冷却液温度数据、电子节温器开启度（见表 6-1）和风扇散热情况，必须一切正常，操作项目才算完成。

表 6-1　电子节温器开启度和冷却液温度数据

电子节温器位置	冷却液温度/℃
开始开启	97±2
完全开启	109

二、注意事项

□ 1．妥善处理回收的冷却液。

□ 2．防止异物进入冷却液管道。

□ 3．注意冷却液管道的拆装方法。

□ 4．注意冷却液管道安装后的检漏。

操作流程	**三、技术要求** □ 1．更换发动机冷却液的方法要正确。 □ 2．冷却液液位的读取要准确。 □ 3．用故障诊断仪对冷却液温度变化进行观察。 □ 4．操作中注意个人防护并保持实训场地的整洁。 □ 5．拆除发动机护板时应由两人配合完成，防止护板脱落。 □ 6．BMW 原厂冷却液为高浓度原液，必须按 1:1 兑软水后使用。
质检验收	□ 起动发动机，检查发动机是否能正常起动。　　　　是□　否□ □ 同实训老师试车确认。　　　　　　　　　　　　　是□　否□ □ 检查仪表盘上是否有报警灯报警。　　　　　　　　是□　否□ □ 与实训工单对照检查项目是否完成。　　　　　　　是□　否□ □ 实训结束，检查诊断设备是否遗漏在车上。　　　　是□　否□

检查与评估	
6S 管理规范 （教师点评）	□ 整理　□ 整顿　□ 清扫　□ 清洁　□ 素养　□ 安全
成绩评定 （学生总结）	小组对本人的评定：□ 优　□ 良　□ 及格　□ 不及格 学生本次任务成绩：□ 优　□ 良　□ 及格　□ 不及格

专业考核评分表——更换 BMW 发动机冷却液

班级：		组别：		组长：		日期：		
技术标准：1. 冷却系统的拆装流程；2. 冷却液的更换流程								
序号	作业项目	考核内容	考核标准		分值	扣分	得分	
1	准备环节	做好车身防护工作（七件套）	选错 1 次扣 1 分		5			
2		正确选择和使用工具	用错 1 次扣 1 分		5			
3	排放冷却液环节	清洁发动机舱，松开密封盖，检查冷却液液位	按照流程规范操作，错 1 次扣 2 分		10			
4		拆除发动机护板						
5		拔下散热器上的冷却液软管			25			
6		冷却液排放及膨胀水箱内部清洗						
7		排除残液，接回冷却液软管						
8	加注冷却液及检查环节	添加冷却液			25			
9		加到上限刻度并进行系统排空						
10		起动发动机检查是否漏液						
11		用 ISTA 和故障诊断仪观察数据是否正常			20			
12	项目实训时间		0～25min　　　10 分 >25～30min　　7 分 >30min　　　　0 分		10			
质检员：			评分员：			合计得分		

教师点评：

团队合作： 优秀 □　良好 □　及格 □　　　　**分工明确：** 优秀 □　良好 □　及格 □

专业标准： 优秀 □　良好 □　及格 □　　　　**操作规范：** 优秀 □　良好 □　及格 □

教师签字：　　　　　　　　　　　　　　　　　　　　　　　　年　　月　　日

注：实训未按规范操作，导致出现设备损坏或人身伤害，本次考核记 0 分。

任务一   BMW 发动机润滑系统认知

_____学时

班级：	组别：	姓名：	掌握程度： □优 □良 □及格 □不及格

一、工作任务

1. 了解 BMW 发动机润滑系统的组成及特点。

2. 掌握 BMW 发动机润滑系统的维护方法。

二、任务认知

（1）BMW 发动机润滑系统如图 7-1 所示。

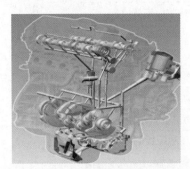

图 7-1   BMW 发动机润滑系统

（2）BMW 发动机润滑系统的维护。养成良好使用习惯，定期检查发动机机油。若液面过高不仅会增加_____，造成不必要的功率损失，还会造成机油_____；若液面过低，会因_____不良而损坏发动机，因此发动机机油液面过低时应检查发动机_____和不正常的机油消耗。起动发动机前打开点火开关，机油液面指示灯和机油压力指示灯亮，起动发动机后如有异常现象必须停车，检查_____。使用适当的机油，若机油黏度过低，则油膜容易损坏而产生_____现象；若机油黏度过高，则零件移动时将产生附加阻力，致使发动机_____困难，功率损失_____。因此更换机油时，需参阅驾驶员手册上厂商建议使用的黏度。

（3）机油的选用。

① 根据气候选用机油。环境温度较低时，选用黏度_____的机油，便于发动机起动；环境温度较高时，选用黏度_____的机油，便于运动时保护油膜。

② 根据车况选用机油。车况较好的发动机，配合间隙较小，可选用黏度_____的机油；车况较差的发动机，配合间隙较大，可选用黏度_____的机油。

（4）N20 发动机润滑系统认知并填空，如图 7-2 所示。

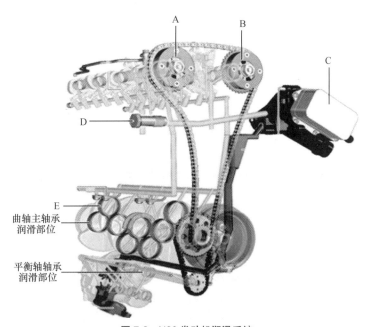

图 7-2　N20 发动机润滑系统

A 的名称及作用：＿＿＿＿＿＿＿＿＿＿＿＿；B 的名称及作用：＿＿＿＿＿＿＿＿＿＿＿＿；

C 的名称及作用：＿＿＿＿＿＿＿＿＿＿＿＿；D 的名称及作用：＿＿＿＿＿＿＿＿＿＿＿＿；

E 的名称及作用：＿＿＿＿＿＿＿＿＿＿＿＿。

（5）BMW 认识发动机二级机油泵并填空，如图 7-3 所示。

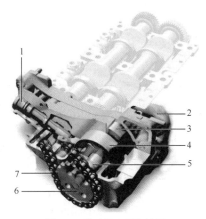

图 7-3　发动机二级机油泵

1 的名称及作用：＿＿＿＿＿＿＿＿＿＿＿＿；2 的名称及作用：＿＿＿＿＿＿＿＿＿＿＿＿；

3 的名称及作用：＿＿＿＿＿＿＿＿＿＿＿＿；4 的名称及作用：＿＿＿＿＿＿＿＿＿＿＿＿；

5 的名称及作用：＿＿＿＿＿＿＿＿＿＿＿＿；6 的名称及作用：＿＿＿＿＿＿＿＿＿＿＿＿；

7 的名称及作用：＿＿＿＿＿＿＿＿＿＿＿＿。

⬛ 案例分享 ⬛ ....

● —— 【故障现象】 ——

　　有一辆 BMW 325i 已行驶了 51 776km，车主反映最近机油指示灯报警（缺油指示），但车辆外部未发现漏油现象，需要到维修站检查维修。

● —— 【故障原因】 ——

　　为了确定是机油正常消耗还是缺机油，以免造成更大的损伤，需要进行机油消耗测量来判定。

　　1. 在进行机油消耗测量前，检查发动机是否漏油，若漏油则先加以维修。

　　2. 发动机机油只允许在暖机状态排出，此时机油温度必须至少 95℃（通过 BMW 诊断系统读取）。

　　3. 让发动机怠速运转 5min，期间机油温度不能降至 90℃以下。

　　4. 拆下机油滤清器（让机油滤清器座内的机油流回油底壳）。

　　5. 拧开放油螺塞。

　　6. 将发动机机油放尽（保持 15min）。

　　7. 通过转动扭转减振器，使发动机曲轴旋转 360°。

　　8. 再次将发动机机油放尽（保持 15min）。

　　9. 对于所有 N4×、N5× 发动机，拆下油位传感器并进行清洁。为此需要把油位传感器头朝下倒过来，用压缩空气通过基座上的开口向内吹气，直至其内部吹干为止。

　　10. 换上新的密封环，重新安装油位传感器。

　　11. 安装新的机油滤清器。

　　12. 加注相应发动机型号（与更换的新机油滤清器对应）的机油量。

　　13. 复位机油保养（CBS）。

　　14. 让车辆行驶直至下一次机油油位低报警或提示时，回厂检测。增加行驶里程可使测量结果更加准确。注意：不要按 ISTA 上所提示的只行驶 1 000km 后就回厂测量。

　　15. 按照第 1～8 步排出机油，并收集在合适的测量容器内。

　　16. 称量排出的油量（发动机机油在室温下的密度约为 $0.86g/cm^3$）。

● —— 【故障诊断】 ——

　　2015 年 2 月 28 日，汽车的行驶里程数为 8 183km 时，机油油位低报警提示，车主进厂检查，维修人员按机油消耗方式排放机油（上述步骤 1～8）。排出机油的质量为 2 678.3g，要想把质量换算成体积，我们就要用质量除以密度，即 2 678.3 / 0.86≈3 114.3（mL）。而 2014 年 11 月 7 日汽车的行驶里程数为 5 776km 时，做机油消耗测试，加注机油量是 5 000mL，那么这段时间的总机油消耗是 5 000−3 114.3=1 885.7（mL）。而总的行驶里程是 2015 年 2 月 28 日的里程数 8 183km 减去 2014 年 11 月 7 日的里程数 5 776km 等于 2 407km。那么，每 1 000km

消耗的机油量是 1 885.7mL/2 407km＝0.783L/1 000km（对于这款车，宝马官方给出的标准是 1 000km 的机油消耗量在 0.7L 以内是正常的），已经超出标准范围。

●————【故障排除】————●

根据测算结果，此车确实存在烧机油，那么是什么地方烧机油呢？拆下火花塞后检查发现 2 缸火花塞比较黑（见图 7-4），用内窥镜检查气缸内积炭比较多（因内窥镜没有拍照功能所以没有拍照），测量缸压时，2 缸缸压偏低，其他缸都在正常范围内，

拆下进气歧管及排气歧管后检查气门油封，结果发现 2 缸进气门内积炭也很多，最终将发动机拆下分解后发现 2 缸活塞顶部全是积炭（见图 7-5），检测 2 缸的油环，发现折断（见图 7-6）。最终更换发动机活塞连杆组后故障排除。

图 7-4　2 缸火花塞较黑

图 7-5　2 缸活塞头积炭

图 7-6　2 缸油环断裂

●————【案例总结】————●

日常使用车时，应定期检查润滑油的使用情况，但对机油消耗量检查更应引起车主重视，这也是维修站在维修中要用到的方法，进而分析判断发动机的磨损情况。

任务二 BMW 发动机润滑系统保养

_____学时

班级：	组别：	学员：	掌握程度： □优 □良 □及格 □不及格
实训目的	掌握 BMW 发动机润滑系统保养方法及注意事项。		
安全注意 事项	注意设备及个人安全防护，规范操作。		
教学组织	每辆车安排 6 位学员（组长 1 人、主修 1 人、辅修 1 人、观察员 1 人、评分 1 人、质检 1 人）作业，循环操作。		
操作步骤 演示			
任务	作业记录内容　☑ 正确　☒ 错误		
前期准备	□ 1. 护具——整车防护七件套（车外三件套——前翼子板垫/左右翼子板垫，车内四件套——转向盘套/脚垫/座椅套/变速器操作杆套），如图7-7和图7-8所示。 □ 图7-7　车外三件套　　□ 图7-8　车内四件套 □ 2. 工具——车辆（本实训任务以 BMW 320 车型为例）、世达工具、BMW机油滤清器专用拆装工具（见图7-9）和机油回收机（见图7-10）。 □ 图7-9　BMW 机油滤清器专用拆装工具　　□ 图7-10　机油回收机		

前期准备	□ 3．耗材——BMW 原厂机油滤清器、BMW 原厂机油、软布（滤清器拆装、检测及实训结束 6S 实施时均可用到）等，如图 7-11 所示。 （a）BMW 原厂机油滤清器　　（b）BMW 原厂机油　　（c）软布 □ 图 7-11　耗材
安全检查	□ 1．检查车辆驻车制动器是否处于制动状态，变速器挡位是否处于空挡位置。 □ 2．在车辆前后放置车轮挡块。 □ 3．举升车辆前，检查实训台架及周围是否安全。 □ 4．举升车辆至高出地面 10～20cm，检查举升机支点位置是否合适。 □ 5．举升车辆时，举升机举升过程检查（有无异常、异响）。 注意：举升过程中若有异常或异响，应立即停止当前作业并及时和老师联系，不得擅自处理。
防护工作	人身防护如图 7-12 所示。车身防护如图 7-13 所示。车内防护如图 7-14 所示。 注意：安全防护要到位。 □ 图 7-12　人身防护　　□ 图 7-13　车身防护　　□ 图 7-14　车内防护
操作流程	一、操作步骤 步骤一　更换机油 □ 1．将车辆停在合适工位，热车 3min 以上，如图 7-15 所示。 （a）停车　　　　　　　　　　　　　（b）热车 □ 图 7-15　准备车辆

<table>
<tr><td>

操作流程

</td><td>

□ 2. 机油滤清器的拆卸可用眼镜扳手（也叫梅花扳手），也可用套筒。取下发动机机油加注盖，松开机油滤清器，如图 7-16 所示。

（a）眼镜扳手　　　　　　　　（b）松开机油滤清器

□ 图 7-16　拆卸机油滤清器

□ 3. 举升车辆，能够满足操作手站立操作即可，如图 7-17 所示。

□ 图 7-17　举升车辆

□ 4. 在放油螺栓处，放置机油回收机，拆卸放油螺栓，排放机油，如图 7-18 所示。

□ 图 7-18　排放机油

□ 5. 须更换已拆卸油底壳螺栓垫片，紧固油底壳螺栓，如图 7-19 所示。

□ 图 7-19　紧固油底壳螺栓

</td></tr>
</table>

操作流程	□ 6. 更换新的机油滤清器，如有必要，更换新密封环（2和3）。用发动机机油浸润密封环（1～3），如图7-20所示。  1、2、3—密封环；4—纸质滤芯 □ 图7-20　更换机油滤清器 □ 7. 安装机油滤清器，紧固机油滤清器罩时需使用扭力扳手，按规定扭矩（本实训车辆为25N·m，根据车型不同，拧紧力矩会有所变化）拧紧。 □ 8. 根据保养手册规定，加注SAE 0W-40机油，加注量一般为4～6L，如图7-21所示。  □ 图7-21　加注机油 □ 9. 读取机油量，如图7-22所示。  □ 图7-22　读取机油量 □ 10. 收拾设备，场地复位清洁，如图7-23（a）、（b）所示。

操作流程	

（a）收拾设备　　　　　　　　（b）场地复位清洁

☐ 图 7-23　整理和复位

步骤二　BMW 320 机油灯复位

☐ 1. 插入钥匙，打开点火开关至第二挡（不需要起动发动机），待自检完成后，长按仪表板上的里程分表复位按钮（其位置在车速表左下角），如图 7-24 所示。挡位显示屏里会由一个黄色的感叹号转变成制动液复位状态。

☐ 图 7-24　制动液复位

☐ 2. 上下拨动灯光控制杆上的 BC 按钮（见图 7-25），直到出现机油保养指示。

☐ 图 7-25　BC 按钮

操作流程	□ 3．按一下灯光控制杆的 BC 按钮，显示屏出现"RESET"（重置），然后长按 BC 按钮直到复位完成。 注意：复位时一定要关闭车门，否则设置无效，如图 7-26 所示。 □ 图 7-26　车门未关，设置无效 □ 4．6S 整理，全车部件复原安装到位。 **二、注意事项** □ 1．注意各步骤按照规范的流程进行操作。 □ 2．注意人身和车身防护。 □ 3．更换新配件时，需检查新配件的型号，并进行新、旧配件外观的对比。 □ 4．注意实训场地的清洁。 **三、技术要求** □ 1．工作前一定注意四到位：防护到位、工具到位、设备到位、耗材到位。 □ 2．不要误拆机油滤清器四周的元器件。 □ 3．修复后，不要出现遗落的拆卸螺钉和配件。 □ 4．根据维修手册，注意螺栓的安装位置、力矩大小。 □ 5．合理使用机油滤油器拆装扳手，更换新机油滤清器时大、小密封环都要安装到位，并抹上新机油。

质检验收	□ 同实训老师试车，确认机油滤清器及放油螺栓是否安装到位。	是□　否□
	□ 起动发动机，检查发动机是否能正常起动。	是□　否□
	□ 检查仪表盘上机油报警灯是否有报警。	是□　否□
	□ 与实训工单对照检查项目是否完成。	是□　否□
	□ 实训结束，检查工具、设备是否遗漏在车上。	是□　否□

检查与评估	
6S 管理规范 （教师点评）	□ 整理　　□ 整顿　　□ 清扫　　□ 清洁　　□ 素养　　□ 安全
成绩评定 （学生总结）	小组对本人的评定：□ 优　　□ 良　　□ 及格　　□ 不及格 学生本次任务成绩：□ 优　　□ 良　　□ 及格　　□ 不及格

专业考核评分表——BMW发动机润滑系统保养

班级：		组别：	组长：	日期：		
技术标准：1. 机油滤清器更换流程；2. 机油滤清器更换标准及技术要求；3. 机油灯复位方法						
序号	作业项目	考核内容	考核标准	分值	扣分	得分
1	准备工作	车身防护（七件套）	错误1次扣1分	5		
2		正确选用与使用工具	用错1次扣1分	5		
3	机油滤清器的更换	将车辆停在合适工位，热车3min以上	没有热车扣5分，时间小于3min扣5分	10		
4		取下机油加注盖	没有取下机油加注盖扣10分	10		
5		拧下机油滤清器	没有拆机油滤清器扣5分	10		
6		举升车辆	支架未到位扣5分	5		
7		排放机油	机油洒落的扣5分	10		
8		更换油底壳螺栓垫片，更换新的机油滤清器，加注机油	不能判断的或未初步检漏扣5分；加注机油洒在周围扣5分	10		
9	检查验收	读取机油量	机油量读取错误扣5分；不符合加注量、未补充新油扣5分	10		
10	机油灯复位	制动液复位	不能按维修手册复位扣10分	10		
11		切换液晶屏显示内容，完成机油灯复位	复位不成功扣5分	5		
12		项目实训时间	0~25min　　10分 >25~35 min　　5分 >35 min　　0分	10		
质检员：		评分员：		合计得分		

教师点评：

团队合作：优秀 □ 良好 □ 及格 □　　　分工明确：优秀 □ 良好 □ 及格 □
专业标准：优秀 □ 良好 □ 及格 □　　　操作规范：优秀 □ 良好 □ 及格 □

教师签字：　　　　　　　　　　　　　　　　　年　　月　　日

注：实训未按规范操作，导致出现设备损坏或人身伤害，本次考核记0分。

BMW 发动机排气系统维护

任务一　BMW 发动机排气系统认知

_____学时

班级：	组别：	姓名：	掌握程度： □优　□良　□及格　□不及格

一、工作任务

1．了解氧传感器及微粒过滤器的作用。

2．掌握废气涡轮增压系统的组成及特点。

3．掌握三元催化器的拆装方法。

二、任务认知

1．氧传感器认知

（1）图 8-1（a）所示为传统车上的氧传感器安装位置，写出其中各部件的名称。

1 为_____；2 为_____。

（2）图 8-1（b）所示为宽带氧传感器安装位置，写出其中各部件的名称。

3 为_____；4 为_____；5 为_____；6 为_____。

（a）传统车上氧传感器安装位置	（b）宽带氧传感器安装位置

图 8-1　氧传感器

2．宽带氧传感器的结构

宽带氧传感器由二氧化锆（陶瓷）制成。嵌在陶瓷中的加热元件可迅速提供至少 750℃的必需工作温度。宽带氧传感器由两个元件组成，一个是测量元件，另一个是参考元件（Nernst 元件），这两个元件电极上涂有铂。写出图 8-2 中各部件的名称。

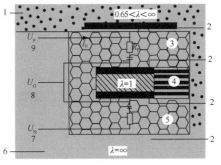

图 8-2　宽带氧传感器

1 为_____；2 为_____；3 为_____；

4 为_____；5 为_____；6 为_____；

7 为_____；8 为_____；9 为_____。

3．宽带氧传感器工作原理（见图 8-3）

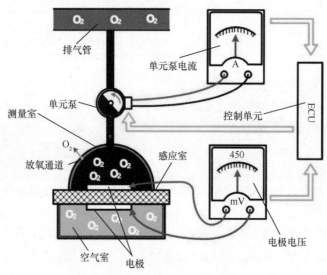

图 8-3　宽带氧传感器工作原理

（1）发动机控制单元要使测量室两侧的氧含量保持一致，让电压值维持在 0.45V（450mV），就需要关键部件_____，把排气管中的氧泵入测量室中，使感应室两侧的电压值维持在 0.45V。这个施加在单元泵上变化的电压，正是_____。

（2）当排出的混合气过浓时，单元泵以原来的工作电流工作，测量室的氧含量_____。控制单元增大单元泵的工作电流，使泵氧速度增加，泵入测量室中的氧含量增加，使感应室电压值恢复到_____V。控制单元根据增加的电流（折算成电压值），减少喷油量。

（3）当排出的混合气过稀时，单元泵在原来的工作电流下会泵入_____的氧，测量室中氧含量_____。氧传感器感应室电压值低于 0.45V。控制单元减小泵氧速度，泵入测量室中的氧含量减少，使感应室电压值恢复到 0.45V。同时控制单元根据减少的电流（折算成电压值），增加喷油量。

4．微粒过滤器认知

（1）M57TU 微粒过滤器安装位置如图 8-4 所示，请完成图中填空。微粒过滤器在车辆底板上，处于三元转换器之_____。排气背压传感器按照与排气装置分离的方式固定在气缸盖上。排气背压传感器通过软管等管道在微粒过滤器前与排气管彼此连接。废气温度传感器有两个，其中一个位于废气触媒转换器之_____；另一个位于微粒过滤器之_____。

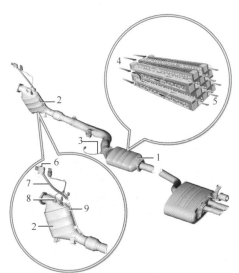

1—微粒过滤器；2—三元催化器；3—微粒过滤器前的废
气____传感器；4—由废气触媒转换器预清洁后的废气；
5—清洁了炭黑颗粒后的废气；6—排气____传感器；
7—连接至排气背压传感器；8—废气触媒转换器前的
废气温度传感器；9_____

图 8-4 M57TU 微粒过滤器安装位置

（2）微粒过滤器的结构：微粒过滤器是由耐高温碳化硅制成的陶瓷载体。该微粒过滤器是多孔的（通过率大约为_____%），并涂覆有铂基催化剂涂层。该涂层用于降低炭黑颗粒的着火温度。

（3）微粒过滤器的技术数据，如表 8-1 所示。

表 8-1 微粒过滤器的技术数据

项目	参数
体积	约 4.5L
效率	＞95%
使用寿命	大约 200 000 km 由 DDE（宝马 3 系发动机控制单元）计算剩余里程。 提示：微粒过滤器受到监控，是由车况保养系统（CBS）监控的。在组合仪表中或者在控制显示屏中通过保养需求显示来提示保养到期
最小炭黑颗粒尺寸	0.000 01～0.000 02 mm
最高炭黑承载量	约为 10 g/L
最高灰烬承载量	约为 25g/L
质量	约 7.5 kg

（4）工作原理：废气从废气触媒转换器流入微粒过滤器。微粒过滤器的多孔进气道在末端封闭，各个进气道旁环绕了 4 个排气道。炭黑颗粒积存在进气道壁上。清洁了炭黑颗粒后

的废气经由这些进气道壁进入排气道，然后离开微粒过滤器。

5. 废气涡轮增压系统认知（见图8-5）

完成图8-5中的填空。

1— _____ 调节器；2— _____；3—电子装置；
4— _____ 增压器；5—调整杆

图8-5　废气涡轮增压系统

（1）废气涡轮增压系统结构：增压压力调节器中配有一个伺服电动机和一个电子装置。增压压力调节器通过调整杆与可变截面喷嘴涡轮机（VNT）相连。

（2）工作原理：DDE控制单元给增压压力调节器提供一个按脉冲宽度调制的信号（脉冲负载参数在10%～95%）。脉冲负载参数为10%意味着导向叶片 _____；95%意味着导向叶片 _____。增压压力调节器内的电子装置将按脉冲宽度调制的信号转换成一个调整角，并控制 _____。此伺服电动机驱动一个蜗杆传动装置。该蜗杆传动装置调整 _____ 叶片，以便增压。调整后的位置只能间接地通过增压压力传感器被DDE控制单元识别。增压压力调节器具有 _____ 功能，并可将当前故障报告给DDE控制单元。

◇◇◇◇◇◇◇◇◇◇◇◇◇◇◇◇◇◇ ▢ 案例分享 ▢ ◇◇◇◇◇◇◇◇◇◇◇◇◇◇◇◇◇◇◇

—————— 【故障现象】——————

一辆2011年BMW X6，行驶里程约6万km，车辆配置N55发动机。车主反映，该车行驶中急加速时车辆加速无力，发动机故障灯点亮报警，而车辆缓慢加速时正常。中央信息显示屏显示"发动机功率下降"。

—————— 【故障诊断】——————

维修人员接车后连接ISTA诊断系统进行诊断检测，读取故障内容如下："DME 2C57增压压力调节，可信度：压力过低；DME 3106废气触媒转换器：效率位于极限值以下"。通过系统查看"DME 2C57增压压力调节，可信度：压力过低"的细节描述如表8-2所示。

表8-2　故障内容细节描述

DME 2C57 增压压力调节，可信度：压力过低	
故障描述	本诊断将对增压压力传感器测出的压力进行监控故障监测条件:如果测得的压力小于额定压力，则识别为该故障
故障识别条件	电压条件：车载网络电压在9~16V 温度条件：无 时间条件：无 其他条件：发动机转速大于1 900r/min 发动机负荷
故障码存储记录条件	如果故障存在时间超过1min，则记录该故障
故障影响和抛锚说明	发动机处于紧急情况下并且功率受限
保养措施	检查DME和增压压力传感器之间的电路线束 更新增压压力传感器 检查减压装置阀门是否由于卡住而打开了 检查减压装置阀门的压力变换器 检查真空管路和真空度

　　根据表8-2中的保养措施及检测计划的要求，首先目测检查DME（发动机电子系统）和增压压力传感器之间的线束，确保线束连接牢固。多次起动、熄火车辆，观察减压装置阀门的拉杆，拉住拉杆，减压装置阀门关闭，发动机处于增压状态；车辆熄火，拉杆返回，减压阀门打开。

　　检查控制减压装置的压力变换器，没有发现异常。检查真空控制管路，管路连接正常。测量真空度压力，在正常的范围。故障"DME 3106废气触媒转换器：效率位于极限值以下"并没有详细的故障细节描述。这款发动机使用两个氧传感器。在催化转换器前装有控制传感器（即第一个氧传感器），它负责进行过量空气系数调节，它可以准确探测废气中的氧气浓度，从而计算出燃烧室内的燃油空气混合比。第二个氧传感器安装在催化转换器后，它称为监控传感器，用于监控催化转换器的功能。该传感器并不提供废气中氧气含量（λ）的准确数值，而是识别与$\lambda=1$的偏差情况。故障码中的"废气触媒转换器：效率位于极限值以下"则说明三元催化器的转化效率已经很低，所以被后氧传感器检测出来了。

　　堵塞和中毒失效是三元催化器最常见的故障，从很大程度上来说，车辆的环保是由发动机的各个系统围绕三元催化器的转化效率这一中心进行控制工作的。三元催化器一旦堵塞中毒失效，转化效率将无从谈起。再联系车辆检测出来的另一个故障码"DME 2C57增压压力调节，可信度：压力过低"来分析，如果三元催化器被堵塞，排气将会不畅通，导致排气背压过高，引起增压压力过低。所以接下来拆卸前氧传感器，通过前氧传感器的安装孔观察三元催化器是否存在堵塞现象，结果发现三元催化器的前端存在严重的堵塞。再次把整个氧传感器拆卸下来，发现三元催化器的进气端最少堵塞80%以上。

━━━━━━━━ 【故障排除】 ━━━━━━━━

更换三元催化器，删除故障码，试车，故障排除。

━━━━━━━━ 【故障原因】 ━━━━━━━━

这是一例因为发动机排放系统三元催化器失效造成的故障案例。提醒各位维修人员，在进行发动机加速无力故障检查时，一定要通过故障诊断仪诊断，否则工作量会明显加大，通过读取故障内容："DME 2C57增压压力调节，可信度：压力过低""DME 3106废气触媒转换器：效率位于极限值以下"来分析，如果三元催化器被堵塞，排气将会不畅通，引起增压压力过低。

━━━━━━━━ 【案例总结】 ━━━━━━━━

如果在现代汽车维修中能够很好地借助维修工具，如故障诊断仪或专用工具，则可以对维修达到事半功倍的效果。

任务二　检测及更换三元催化器

_____学时

班级：		组别：		姓名：		掌握程度： □优　　□良　　□及格　　□不及格
实训目的		掌握三元催化转换器的检测与更换方法。				
安全注意 事项		注意设备及个人安全防护，规范操作。				
教学组织		每辆车安排 6 位学员（组长 1 人、主修 1 人、辅修 1 人、观察员 1 人、评分 1 人、质检 1 人）作业，循环操作。				
操作步骤 演示		 拆卸流程 微课 三元催化器 更换（一） 安装流程 微课 三元催化器 更换（二）				
任务		作业记录内容　☑ 正确　☒ 错误				
前期准备		□ 1. 护具——整车防护七件套（车外三件套——前翼子板垫/左右翼子板垫， 车内四件套——转向盘套/脚垫/座椅套/变速器操作杆套），如图 8-6 和图 8-7 所示。 前翼子板垫　左右翼子板垫 □ 图 8-6　车外三件套 转向盘套　座椅套 脚垫　变速器操作杆套 □ 图 8-7　车内四件套				

前期准备	□ 2. 工具——车辆（本实训任务以 BMW X5 为例）、故障诊断仪（见图 8-8）、示波器和世达工具（见图 8-9）。   □ 图 8-8　故障诊断仪　　　　□ 图 8-9　世达工具 □ 3. 耗材——三元催化器（见图 8-10）、清洗剂、软布（滤清器拆装、检测及实训结束 6S 实施时均可用到）等。  □ 图 8-10　三元催化器
安全检查	□ 1. 检查车辆驻车制动器是否处于制动状态，变速器挡位是否处于空挡位置。 □ 2. 在车辆前后放置车轮挡块。 □ 3. 举升车辆前，检查实训台架及周围是否安全。 □ 4. 举升车辆至高出地面 10～20cm，检查举升机支点位置是否安全。 □ 5. 举升车辆时，检查举升机举升过程中有无异常、异响。 注意：举升过程中若有异常或异响，应立即停止当前作业并及时和老师联系，不得擅自处理。
防护工作	人身防护如图 8-11 所示。车身防护如图 8-12 所示。车内防护如图 8-13 所示。 注意：安全防护要到位。    □ 图 8-11　人身防护　　　□ 图 8-12　车身防护　　　□ 图 8-13　车内防护

操作流程	一、操作步骤 □ 1．将车辆停在合适工位，并举升车辆，如图 8-14 所示。  □ 图 8-14　举升车辆 □ 2．连接专用故障诊断仪，读取发动机的故障码，确定氧传感器出现故障。 □ 3．使用示波器检测两个传感器的波形（具体使用方法参考示波器的使用说明）。 □ 4．检测调控用传感器（前氧传感器）和监控用传感器（后氧传感器）的数据或波形，根据数据和波形进行分析，如图 8-15 所示。主要是对比正常波形与故障波形（观察波形幅度大小），判断三元催化器故障。 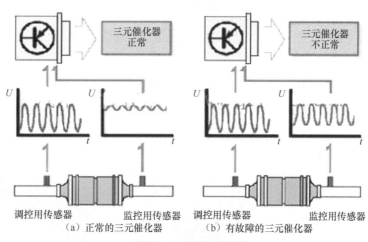 □ 图 8-15　氧传感器数据 □ 5．先拆下调控用传感器，再拆下监控用传感器，检查两传感器外壳的颜色及是否有破损等现象，如图 8-16 所示。 □ 6．拆卸排气歧管后段与三元催化器的连接处，先拧下固定螺栓 1，再松开夹箍 2，如图 8-17 所示，注意每次松开夹箍后均应予以更换，同时固定住三元催化器等部件以防脱落。 安装说明：用软布清洁密封面，更换密封件和夹箍。

□ 图 8-16 拆下并检查两个传感器

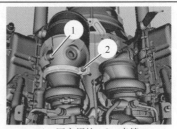

1—固定螺栓；2—夹箍

□ 图 8-17 松开夹箍

□ 7．拆卸三元催化器的后端与微粒过滤器连接处的螺栓，最后拆卸并取出旧的三元催化器，如图 8-18 所示。

□ 8．检查排气压力移动载体，可以观察氧传感器上的轮廓痕迹，识别损坏位置，如图 8-19 所示。

操作流程

□ 图 8-18 拆卸旧的三元催化器

排气压力移动载体

□ 图 8-19 排气压力移动载体

□ 9．检查排气压力移动载体上的损坏情况（破损或脱落等），如图 8-20 所示。

提示：当排气压力移动载体显示上述损坏时，必须更换废气触媒转换器。

□ 10．当观察到脏污的排气压力移动载体时，必须清洁或更换，如图 8-21 所示。

排气压力移动载体

□ 图 8-20 检查排气压力移动载体损坏情况

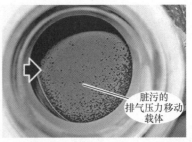

脏污的排气压力移动载体

□ 图 8-21 脏污的排气压力移动载体

□ 11．更换新的三元催化器，注意要比较新、旧三元催化器的型号、大小等特征，如图 8-22 所示。

□ 12．卸下尾气排放管道（见图 8-23），并进行场地复位清洁。

操作流程	 　□ 图 8-22　新、旧三元催化器对比　　　　□ 图 8-23　卸下尾气排放管道 **二、注意事项** □ 1. 各步骤必须按照规范的流程操作。 □ 2. 注意人身和车身防护。 □ 3. 注意新配件型号的检查，并进行新、旧配件外观对比。 □ 4. 修复后车辆需清洁。 **三、技术要求** □ 1. 一定注意四到位：防护到位，工具到位，设备到位，耗材到位。 □ 2. 根据维修手册，确定安装螺栓的位置和力矩大小。 □ 3. 注意防止误拆排气歧管。 □ 4. 按照 6S 管理规范进行操作，注意不要遗落螺钉、配件、工具等。
质检验收	□ 同实训老师检查拆卸的部件是否安装完成。　　　　　是 □　否 □ □ 起动发动机，检查发动机是否能正常起动。　　　　是 □　否 □ □ 检查仪表盘上发动机故障报警灯是否有报警。　　　是 □　否 □ □ 与实训工单对照检查项目是否完成。　　　　　　　是 □　否 □ □ 实训结束，检查工具、设备是否遗漏在车上。　　　是 □　否 □

检查与评估	
6S 管理规范 （教师点评）	□ 整理　□ 整顿　□ 清扫　□ 清洁　□ 素养　□ 安全
成绩评定 （学生总结）	小组对本人的评定：□ 优　□ 良　□ 及格　□ 不及格 学生本次任务成绩：□ 优　□ 良　□ 及格　□ 不及格

专业考核评分表——检测及更换三元催化器

班级：		组别：	组长：		日期：		
技术标准：1. 三元催化器的检测操作流程；2. 三元催化器的更换流程							
序号	作业项目	考核内容	考核标准	分值	扣分	得分	
1	准备环节	正确选用工具	选错1次扣2.5分	5			
2		正确使用工具	用错1次扣2.5分	5			
3	故障诊断仪检测环节	举升车辆	按照流程规范检测，错1次扣2.5分	5			
4		连接故障诊断仪，读取故障码		5			
5		使用示波器读取波形，检查传感器的故障		10			
6		拆卸两个传感器进行检查		10			
7	拆卸与更换环节	拆卸旧的三元催化器	按照拆装流程规范操作，错1次扣2.5分	15			
8		检查排气压力移动载体		15			
9		检查排气压力移动载体上的损坏情况		5			
10		清洁旧三元催化器或更换新的三元催化器		10			
11		按6S管理标准进行场地复位		5			
12		项目实训时间	0~13min　　10分 >13~15min　　8分 >15~17min　　5分 >17min　　0分	10			
质检员：		评分员：		合计得分			
教师点评：							

团队合作：优秀 □ 良好 □ 及格 □　　　　分工明确：优秀 □ 良好 □ 及格 □

专业标准：优秀 □ 良好 □ 及格 □　　　　操作规范：优秀 □ 良好 □ 及格 □

教师签字：	年　　月　　日

注：实训未按规范操作，导致出现设备损坏或人身伤害，本次考核记0分。

BMW 燃油喷射系统检测

任务一 BMW 燃油喷射系统认知

_____学时

班级：	组别：	姓名：	掌握程度： □优　□良　□及格　□不及格

一、工作任务

1. 掌握 BMW 燃油喷射系统的高压部件组成。

2. 掌握 BMW 燃油喷射系统中高压部件的作用及原理。

二、任务认知

1. 电控燃油喷射系统组成

N20 发动机燃油供给系统采用了高压喷射装置（HDE），如图 9-1 所示重点介绍高压喷射部分。宝马 N20 发动机在共轨侧不再采用螺栓连接方式而是采用了焊接方式；取消了燃油低压传感器，通过探测发动机_____和_____进行燃油量调节。

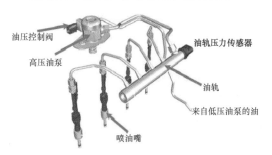

图 9-1　燃油供给系统高压喷射部分

2. 宝马 N20 发动机燃油喷射系统高压部件认知

（1）高压油泵

宝马 N20 发动机使用的 Bosch 高压油泵是一个单活塞泵，由排气凸轮轴通过发动机凸轮进行驱动。图 9-2 所示为高压油泵实物图，图 9-3 所示为高压油泵结构及原理图。

图 9-2　高压油泵实物图

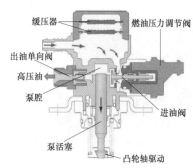

图 9-3　高压油泵结构及原理图

请完成关于高压油泵工作原理的填空。

进油原理：_____；

升油原理：_____；

调压原理：_____。

（2）电磁阀喷油嘴

宝马 N20 发动机采用了 Bosch 公司生产的电磁阀喷油嘴（见图 9-4），它使用 6 孔电磁阀喷油嘴，能有效提高燃油与空气混合效果，这种电磁阀喷油嘴的喷射角度和喷射形状可变性较高，喷射压力最高达 200bar（1bar=100kPa）。

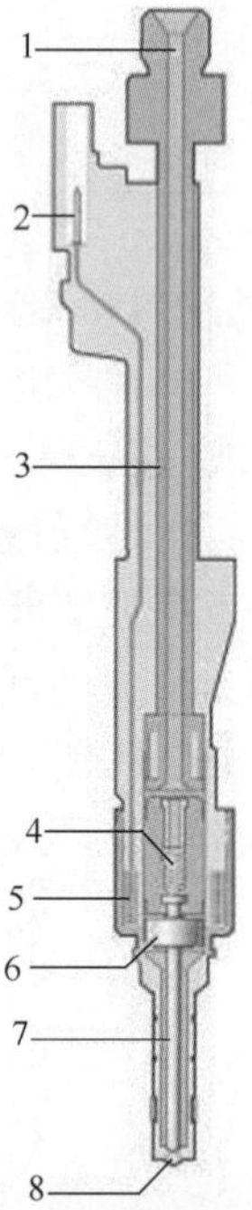

工作原理如下。

电磁线圈通电时会产生_____，使喷嘴针克服_____从阀座上抬起并打开排油孔，共轨内的高压通过排油孔将燃油_____气缸内，通过切断供电_____，此时在_____作用下将喷嘴针压入阀座内。

阀门快速打开和关闭并在开启期间确保开启横截面保持不变，因此喷射的燃油量取决于_____、燃烧室内的背压及喷油嘴开启_____。宝马 N20 发动机的电磁阀喷油嘴根据气缸盖结构采用了较长且相对敏感的喷油嘴杆。喷油嘴杆外部采用塑料制成，内部使用 1 根金属管作为燃油管路。

（3）电动燃油泵（低压油泵）

电动燃油泵如图 9-5 所示，其作用是将_____至喷油嘴的燃油管路内。它安装在_____位置，如图 9-6 所示。它是由电动燃油泵控制系统（EKPS）或电动燃油泵继电器进行控制的。

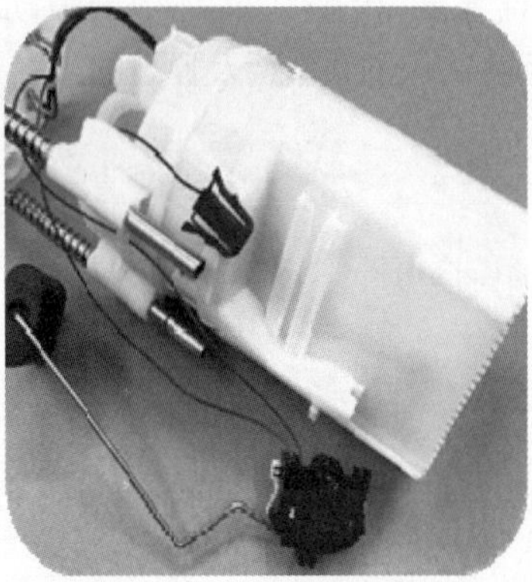

1—燃油接口；2—电气接口；3—喷油嘴杆；
4—压力弹簧；5—电磁线圈；6—磁铁电枢；
7—喷嘴针；8—6 孔喷嘴

图 9-4　电磁阀喷油嘴

图 9-5　电动燃油泵实物

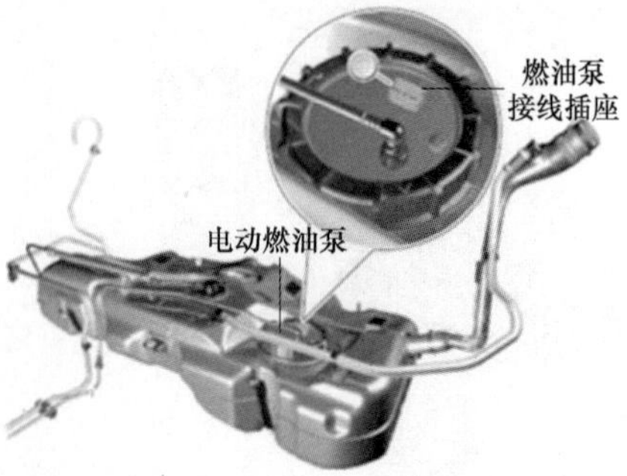

图 9-6　电动燃油泵安装位置

燃油泵接线插座

电动燃油泵

（4）油轨压力传感器

油轨压力传感器安装在油轨末端，如图9-7所示，此传感器向发动机控制单元提供_____。该传感器受到外部高压油的压力时，金属膜（传感器内部装有应变的金属膜）上的应变电阻也会变化，传感器内部通过测量电桥的电压变化，输入_____，发动机控制单元再对油轨压力进行调整。

传感器测量电压范围为_____～_____V，对应的油轨压力为0～250 bar。

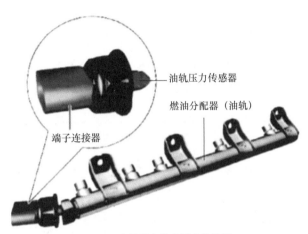

图9-7　油轨压力传感器安装位置

3. 燃油箱认知（见图9-8）

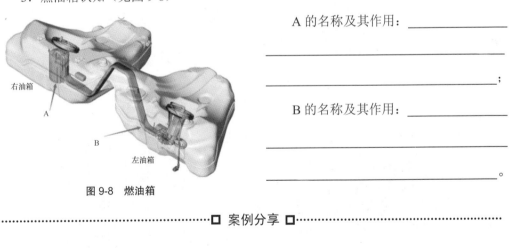

图9-8　燃油箱

A 的名称及其作用：_____

_____

_____；

B 的名称及其作用：_____

_____

_____。

.... ◻ 案例分享 ◻ ....

●—————【故障现象】————●

一辆2013年的 BMW 740Li，已行驶12万 km，车主反映该车在早上起动困难，行驶当中发动机有"突突"声，冒黑烟，通过维修人员初步诊断是该车"缺缸"（缺缸是指每个缸或多个缸不工作）。

【故障诊断】

1. 用 BMW 专用的故障诊断仪读取发动机故障码，如图 9-9 所示，发现是缺缸，读取车辆数据流有几个喷油嘴不工作，导致上述现象的发生。

SGBD	BNTN	设码编号	说明	里程数	目前是否存在?
DME_BX8	DME-MEVD1723-DME	0x140001	熄火，多个气缸：喷射装置被关闭	23795	否
DME_BX8	DME-MEVD1723-DME	0x140004	熄火，多个气缸：有害废气	23750	否
DME_BX8	DME-MEVD1723-DME	0x140010	熄火，多个气缸：已识别	23795	否
DME_BX8	DME-MEVD1723-DME	0x140301	熄火，气缸3：喷射装置被关闭	23795	否
DME_BX8	DME-MEVD1723-DME	0x140304	熄火，气缸3：有害废气	23750	否
DME_BX8	DME-MEVD1723-DME	0x140310	熄火，气缸3：已识别	23795	否

图 9-9　故障诊断仪读取故障码

2. 根据原来喷油嘴的型号和标注的编码，购置原厂正品喷油嘴组件，一共 6 只，如图 9-10 所示。

图 9-10　新喷油嘴

3. 拆卸旧喷油嘴，观察有几个上面有黑黑的积炭，如图 9-11 所示。

图 9-11　旧喷油嘴有积炭

【故障排除】

更换完 6 个喷油嘴后，使用故障诊断仪连接 BMW 诊断系统；进入车辆身份识别；依次选择"功能选择"→"服务功能"→"发动机电子系统"→"匹配程序"→"喷射嘴匹配选择"→"输入新匹配值",对于每个更换过的喷油嘴,必须根据安装位置(气缸)输入匹配值;按序输入喷油嘴标识上的 6 位编码,如图 9-12 所示。发动机控制单元会记录每个新换喷油嘴的 6 位编码。

如图 9-13 所示,6 个喷油嘴的 6 位编码全部输入完毕。单击"保存匹配值",全部匹配并保存后就可以起动发动机了,到此 BMW740Li 更换喷油嘴作业全部完成。

图 9-12　喷油嘴 6 位编码

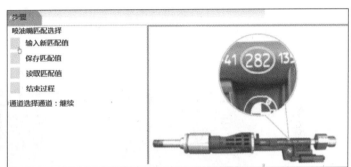

图 9-13　保存匹配值

【故障原因】

这是一例因为喷油嘴喷油异常造成的故障案例。提醒各位维修人员,在进行喷油故障检查时,一定要通过故障诊断仪去进行诊断,否则工作量会明显比较大。

【案例总结】

一般高档车在使用中,发动机喷油嘴对汽油要求很高,建议选择正规加油站,选择高牌号汽油(车辆使用说明中有标注),一定不能选低牌号或劣质汽油,否则极易造成喷油嘴积炭,对发动机使用有很大的影响。

任务二 更换 BMW 高压喷油嘴并进行匹配

_____学时

班级：		组别：	姓名：	掌握程度： □优 □良 □及格 □不及格
实训目的		掌握 BMW 高压喷油嘴的更换与匹配方法及注意事项。		
安全注意 事项		注意设备及个人安全，规范操作。		
教学组织		每辆车按 6 位学员（组长 1 人、主修 1 人、辅修 1 人、观察员 1 人、评分 1 人、质检 1 人）作业，循环操作。		
操作步骤 演示		拆卸流程 微课 喷油嘴拆卸及 匹配（一） 安装流程 微课 喷油嘴拆卸及 匹配（二） 前期准备 微课 喷油嘴拆卸及 匹配（三）		

任务	作业记录内容　　　☑ 正确　☒ 错误
前期准备	□ 1．护具——整车防护七件套（车外三件套——前翼子板垫/左右翼子板垫，车内四件套——转向盘套/脚垫/座椅套/变速器操作杆套），如图 9-14 和图 9-15 所示。 　　 □ 图 9-14　车外三件套　　　　□ 图 9-15　车内四件套 □ 2．工具——车辆（本实训任务以 BMW525 为例）、世达工具、故障诊断仪、BMW 喷油嘴专用拆卸工具（见图 9-16）、高压气源等。 □ 图 9-16　BMW 喷油嘴专用拆卸工具 □ 3．耗材——清洗剂、BMW 原厂喷油嘴（见图 9-17）等。 □ 图 9-17　BMW 原厂喷油嘴
安全检查	□ 1．检查车辆驻车制动器是否处于制动状态，变速器挡位是否处于空挡位置。 □ 2．在车辆前后放置车轮挡块。 □ 3．举升车辆前，检查实训台架及周围是否安全。 □ 4．举升车辆至高出地面 10～20cm，检查举升机支点位置是否安全。 □ 5．再举升车辆时，检查举升机举升过程中有无异常、异响。 注意：举升过程中若有异常或异响，应立即停止当前作业并及时汇报老师，不得擅自处理。

防护工作	人身防护如图 9-18 所示。车身防护如图 9-19 所示。车内防护如图 9-20 所示。 注意：安全防护要到位。    □ 图 9-18　人身防护　　□ 图 9-19　车身防护　　　　□ 图 9-20　车内防护
操作流程	**一、操作步骤** **步骤一　喷油嘴拆装** □ 1．将车辆停在合适的工位，断开蓄电池负极，如图 9-21 所示。 □ 2．使用高压气体吹净高压喷油嘴旁边的灰尘，拆卸点火线圈，如图 9-22 所示，用软布垫在高压油管的下方，有开口扳手松开油轨上的进油管，如图 9-23 所示。   □ 图 9-21　断开蓄电池负极线　　　□ 图 9-22　拆卸点火线圈 □ 3．用专用工具（套筒），松开高压喷油嘴的紧固螺栓，如图 9-24 所示，释放油压，注意用软布包裹，同时防止高压油的喷溅。 □ 4．拔下高压喷油嘴的插头，如图 9-25 所示，拆卸供油架的固定螺栓，如图 9-26 所示。   □ 图 9-23　拆卸进油管　　　　　□ 图 9-24　用专用套筒拆松喷油嘴

操作流程	
	 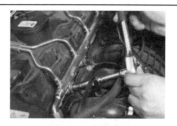 □ 图 9-25　拔下喷油嘴插头　　　　□ 图 9-26　拆卸供油架 □ 5. 拆卸供油架后，用专用橡皮塞封住各喷油管口，如图 9-27 所示。松开喷油嘴固定板，用专用工具（喷油嘴拉拔和安装工具）拔出喷油嘴，如图 9-28 所示。 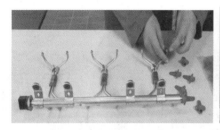  □ 图 9-27　密封喷油管口　　　　□ 图 9-28　用专用工具拔出喷油嘴 □ 6. 拆下并检查密封圈（见图 9-29），选择更换高压喷油嘴密封圈的专用工具（见图 9-30）。   □ 图 9-29　密封圈的安装位置　　　　□ 图 9-30　更换密封圈的专用工具 □ 7. 用专用工具拆卸高压喷油嘴旧密封圈，如图 9-31 所示。根据旧密封圈型号选择新密封圈及密封环，并需更换组件，如图 9-32 所示。  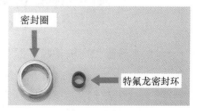 □ 图 9-31　拆卸密封圈　　　　□ 图 9-32　密封元件 □ 8. 使用专用工具将密封环安装到喷油嘴密封位置，然后更换新的密封圈，

如图 9-33 和图 9-34 所示。

□ 图 9-33　安装密封环

□ 图 9-34　更换新密封圈

□ 9．用专用工具（喷油嘴拉拔和安装工具）将喷油嘴压入座孔中，安装喷油嘴固定板，如图 9-35 和图 9-36 所示。

操作流程

□ 图 9-35　安装喷油嘴

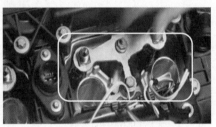

□ 图 9-36　安装喷油嘴固定板

□ 10．把高压油管接头对准喷油嘴孔，才能固定紧固螺栓。用 23N·m 扭矩紧固喷油嘴连接螺栓，如图 9-37 和图 9-38 所示。

油管接头一定要对准喷油嘴孔中心位置

□ 图 9-37　油管接头对齐喷油嘴孔

紧固扭矩23N·m

□ 图 9-38　按扭矩紧固喷油嘴连接螺栓

步骤二　喷油嘴匹配

□ 1．关闭点火开关，连接好故障诊断仪与车辆的诊断口的通信线，打开点火开关及故障诊断仪开关。

□ 2．BMW 车型不同，喷油嘴规格也不同，喷油嘴壳体上 6 个数字编号标注位置也是不同（见图 9-39），并用笔在纸记下各缸对应的数字。

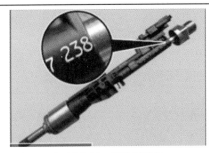

□ 图 9-39　喷油嘴编号

□ 3．进入故障诊断仪的 ISTA 系统，连接宝马诊断系统，单击"车辆处理"，如图 9-40 所示。

过程	车辆信息	车辆处理	售后服务计划	收藏	修理厂材料 / 消耗材料	测量系统
修理 /保养	故障查询	服务功能	软件更新	更换控制单元	车辆改装	

□ 图 9-40　　ISTA 界面

□ 4．在图 9-40 中选择"服务功能"，进入系统选择"发动机电子伺控系统"；再单击"喷油嘴油量匹配"，如图 9-41 所示。

□ 图 9-41　喷油嘴油量匹配

□ 5．界面显示"是否安装了一个新的 DME？"，如未安装，单击"否"按钮（若安装了，则单击"是"按钮），等待一段时间，显示当前存储的匹配值，如图 9-42 和图 9-43 所示。

□ 图 9-42　是否安装新 DME

□ 图 9-43　显示当前已匹配的喷油嘴

操作流程

操作流程	□ 6. 单击"继续"按钮后，在界面中选择"输入新匹配值"，并查看喷油嘴的编号，如图 9-44 所示。 □ 7. 根据喷油嘴上的编号，手动输入需要的匹配数值（如果换新的，则输入新的喷油嘴编号数值），并单击"确定"按钮，如图 9-45 所示。 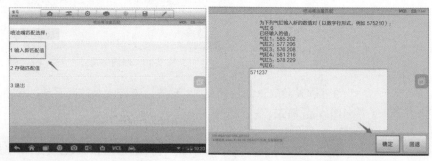 　　□ 图 9-44　输入新匹配值　　　　　　□ 图 9-45　输入喷油嘴编号 □ 8. 确认所输入的匹配值是否正确，确认将匹配值存储到 DME 中，如图 9-46 和图 9-47 所示。  　　□ 图 9-46　是否输入新喷油嘴编号　　□ 图 9-47　是否存储到 DME 中 □ 9. 新的匹配值成功写入 DME 中（末位轻微偏差，属于正常），如图 9-48 所示。 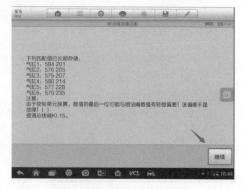 　　　　　　　　□ 图 9-48　确认存储输入值

操作流程	□ 10. 将场地、设备等复位，清洁实训场地，如图 9-49 所示。 □ 图 9-49　场地复位清洁 **二、注意事项** □ 1. 各步骤按照规范流程进行操作。 □ 2. 注意人身和车身防护。 □ 3. 注意不要误拆喷油嘴四周的其他元器件。 □ 4. 注意不要遗落拆卸的螺钉、配件、实训工具等。 □ 5. 注意四到位：防护到位，工具到位，设备到位，耗材到位。 □ 6. 注意实训结束，清洁车辆。 **三、技术要求** □ 1. 根据维修手册，确定螺栓的安装位置和扭矩大小。 □ 2. 检查与对比新、旧配件型号，并进行外观对比。 □ 3. 准确选择并使用专用工具及检测设备。
质检验收	□ 起动发动机，检查发动机是否抖动。　　　　　　是□　否□ □ 同客户试车确认。　　　　　　　　　　　　　　是□　否□ □ 检查仪表是否有报警。　　　　　　　　　　　　是□　否□ □ 与实训工单对照检查项目的完成情况。　　　　　是□　否□ □ 检查工具、设备是否有遗漏在车上。　　　　　　是□　否□

检查与评估		
6S 管理规范 （教师点评）	□ 整理　□ 整顿　□ 清扫　□ 清洁　□ 素养　□ 安全	
成绩评定 （学生总结）	小组对本人的评定：□ 优　□ 良　□ 及格　□ 不及格 学生本次任务成绩：□ 优　□ 良　□ 及格　□ 不及格	

专业考核评分表——更换 BMW 高压喷油嘴并进行匹配

班级：		组别：	组长：		日期：	

技术标准：1. 喷油嘴的拆装操作要求；2. 喷油嘴的匹配操作要求

序号	作业项目	考核内容	考核标准	分值	扣分	得分
1	准备环节	正确选用工具	选错 1 次扣 2.5 分	5		
2		正确使用工具	用错 1 次扣 2.5 分	5		
3	喷油嘴拆装环节	做好车身防护，断开蓄电池负极	按照拆装流程规范操作，错 1 次扣 2.5 分	5		
4		用专用工具拆卸点火线圈进油管等		5		
5		拆卸供油架并密封管接头		10		
6		采用专用工具拆卸喷油嘴		10		
7		拆卸并更换喷油嘴密封圈、密封环		10		
8		根据喷油嘴编码将新喷油嘴安装到发动机上		10		
9	喷油嘴匹配	故障诊断仪的连接正确	按照流程规范操作，错 1 次扣 2.5 分	10		
10		喷油嘴的型号检查		5		
11		故障诊断仪的使用及操作规范		10		
12		故障诊断仪匹配方法正确		10		
13		项目实训时间	0～10min 10 分 >10～12min 8 分 >12～14min 5 分 >14min 0 分	5		
质检员：		评分员：		合计得分		

教师点评：

团队合作：优秀 □　良好 □　及格 □　　　　分工明确：优秀 □　良好 □　及格 □

专业标准：优秀 □　良好 □　及格 □　　　　操作规范：优秀 □　良好 □　及格 □

教师签字：	年　　月　　日

注：实训未按规范操作，导致出现设备损坏或人身伤害，本次考核记 0 分。

实训项目十 BMW 底盘检查与保养

任务一 BMW 底盘核心技术认知

_____学时

班级：	组别：	姓名：	掌握程度： □优　□良　□及格　□不及格

一、工作任务

1. 了解 BMW xDrive 全时四驱系统。

2. 了解 BMW 车身 50:50 前后配重比的意义。

3. 熟悉 BMW 的 DSC 系统（车身稳定系统）。

二、任务认知

1. xDrive 全时四驱系统

（1）作用：该系统可使车辆具有较好的越野和操控能力，延长轮胎的使用寿命，提高驾驶人员舒适度。

（2）类别：常见的四驱分为三大类，即_____，_____，_____。

（3）全时四驱解析。xDrive 的四驱形式为全时四驱（见图 10-1），使用前置四驱的驱动方式，中央差速器为多片离合器式。搭载全时四驱系统的汽车无论何时都是四轮驱动的，这种四驱系统一般在一些性能车或高端豪华 SUV 车型上才能见到。全时四驱系统可以提高车轮的机械抓地力，这样可以提高车辆的行驶稳定性。

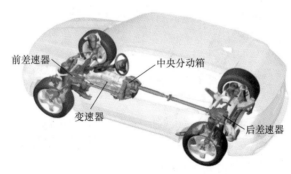

前差速器　中央分动箱　变速器　后差速器

图 10-1　全时四驱

2. 车身 50:50 前后配重比

（1）前后配重比的定义：车身前轴与车身后轴各自所承担重量的比。

（2）50:50 的意义：汽车的配重，一般在 50:50 是最平均的，50:50 的前后配重比是 BMW 一个突出的优势。图 10-2 所示 50:50 前后配重比的车身结构示例。

3. 车身稳定系统

（1）定义及作用：车身稳定系统（DSC）是制动器的一个辅助系统，它主要用于处理突发事件时，保证汽车的正确运行路线，不出现_____、_____、_____等现象，使车辆始终在驾驶人员的控制状态下运动，从而确保了驾乘人员的安全。DSC 类似于德国博世公司的 ESP。

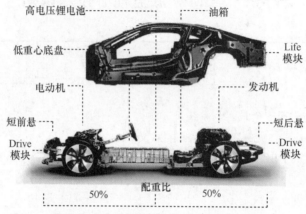

图 10-2　50∶50 前后配重比的车身结构示例

（2）原理及图解：DSC 根据传感器信号判断行驶状态，并有通过计算进行最佳控制的控制单元，当车身发生旋转，而转向力不足或转向力过度时，可单独控制各车轮，以提高车辆稳定性，如图 10-3 所示。根据车辆的状态控制指示灯和警告灯的亮灭。

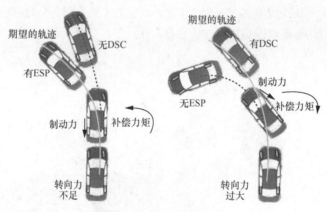

图 10-3　DSC（车身稳定系统）

□ 案例分享 □

【故障现象】

一辆 2009 年产 BMW E71 X6 SUV，行驶里程 4 万多千米。据车主反映，该车的车身左右两侧高度不一致，仪表盘中出现车身高度故障的报警提示。

从车辆外观上看，发现车身左侧偏高而右侧偏低，在车身后部则更明显，这说明车身后部悬架空气弹簧出现了问题。连接故障诊断仪读取故障信息和分析的结果，故障信息提示 EHC（EHC 是指空气弹簧的控制单元）控制空气压缩机给空气弹簧充气的时间过长，需要更换空气弹簧。

打开点火开关后发现空气压缩机（安装在车辆右侧底盘下）一直在响。结合车身左侧高而右侧低的故障现象，初步判断是右后空气弹簧出现了问题。空气压缩机虽然一直在充气，但右侧车身无法升高，这很可能是因为空气弹簧漏气。

按照操作流程，维修人员先通过故障诊断仪释放了空气管路和空气弹簧中的压缩空气，然后拆下右侧空气弹簧，果然发现空气弹簧已经破裂。看来故障点已经找到了，这与故障现象和分析结果都相符，似乎没有什么疑问。

更换右侧空气弹簧，打开点火开关后空气压缩机开始工作并给两侧的空气弹簧充气，自行进行高度调整，车身后部慢慢升起。测量两侧的车身高度，明显与标准数据相差太远，测量结果是左侧高 754 mm，右侧高 714 mm，而标准高度是左、右高度均为（708±10）mm，显然左侧车身的高度已经超出了正常范围很多，而且左侧车身还在继续升高。如果再继续充气，左侧空气弹簧很有可能发生爆裂，于是立即通过故障诊断仪的服务功能进行车身两侧高度的匹配。进行高度匹配时需要输入实际车身高度，这样才可以与标准值进行比较，达到调整匹配的目的。在调整匹配时右侧车身停止了升高，而左侧车身还在继续升高，已经达到了769 mm，维修人员立刻停止了操作。

看来空气弹簧系统仍然存在问题，正常情况下两侧的空气弹簧可以进行高度自我调整，如果曾出现过车身高度的报警，还需要通过故障诊断仪进行高度匹配。

但目前状况是不能再继续进行高度匹配了，只有通过故障诊断仪的控制功能进行单个空气弹簧的控制。结果却发现，通过故障诊断仪对左侧空气弹簧进行排气或充气控制的时候，左侧车身的高度没有变化，右侧的车身高度却在随之变化。而控制右侧空气弹簧时，左侧车身却在明显变化。由此分析判断更换空气弹簧时把空气管路接反了。

举升车辆，拆卸底盘护板并检查，发现该车因为碰撞事故曾经对底盘进行过大范围的维修，底盘中的各种管路有明显的拆卸和安装痕迹，而且固定得很不规范。当检查到空气压缩机时，发现管路的连接异常。

在空气压缩机的电动控制阀（见图 10-4）接口处贴有蓝色标记（由于安装在车体上，标红处无法拍摄到蓝色标记），连接的却是红色空气管路，另一个出口连接的是蓝色管路。这个蓝色标记应该是原厂的连接指示标记，一般情况下，管路颜色应对应，因此可能是这里的管路接错了。为了保险起见，还是找来相同车型进行比较，果然是这里的管路连接错误。

将红色和蓝色的两根管路对调后，利用故障诊断仪的控制功能将后部车身高度都调整到700 mm 左右，然后进入服务功能进行高度匹配，左、右两侧车身高度达到一致，至此故障排除。

图 10-4　空气压缩机的电动控制阀

蓝色管路
红色管路

【故障原因】

车身高度由安装在后桥两侧的高度传感器（见图 10-5）来检测，EHC 从两个高度传感器获知车身左侧和右侧的高度信息，然后会根据车速和路况等各种情况进行调节。

图 10-5　高度传感器

更换完空气弹簧后，EHC 会对两侧的空气弹簧充气，由于控制单元内保存着之前的车身右侧低而左侧高的记忆，所以会首先对右侧进行充气，结果由于管路接错，压缩空气被充到左侧的空气弹簧，造成车辆实际左侧偏高。而此时安装在后桥上的高度传感器则会将检测到的实际高度传送到 EHC，EHC 将以理论值为标准尽量调整两侧的高度基本一致，无奈管路接错，越调整误差越大，直到超过标准值很多。而通过故障诊断仪服务功能的匹配功能调整高度时，是需要输入实际测量高度的，此时输入的两侧高度要根据标准值"多退少补"，还是因为管路接错的问题，EHC 就无法自行调节了，所以就会越调整误差越大。而此时最好的方法就是利用故障诊断仪的控制功能单个操作，把每侧的高度调整到标准值附近，然后通过服务功能进行匹配，就会使 EHC 恢复正常的调整两侧高度的功能。

【案例总结】

对 BMW 车维修时，一定要注意控制单元不同于人脑，当出现一些故障的时候，控制单元可能也会出现无所适从和错误调整的情况，所以需要故障诊断仪确定故障位置或方向，然后运用掌握知识分析问题的原因，最后针对原因逐一观察或检查可疑之处，确定故障点并排除故障。

任务二　BMW 底盘常规检查

_____学时

班级：		组别：		姓名：		掌握程度： □优　□良　□及格　□不及格
实训目的	掌握对 BMW 车系底盘常规检查与底盘易损件的判断。					
安全注意 事项	注意设备及个人安全，规范操作。					
教学组织	每辆车按 6 位学员（组长 1 人、主修 1 人、辅修 1 人、观察员 1 人、评分 1 人、质检 1 人）作业，循环操作。					
操作步骤 演示	 底盘检测			 微课 底盘常规检查		
任务	作业记录内容　☑ 正确　☒ 错误					
前期准备	□ 1. 护具——整车防护七件套（车外三件套——前翼子板垫/左右翼子板垫，车内四件套——转向盘套/脚垫/座椅套/变速器操作杆套），如图 10-6 和图 10-7 所示。 □ 图 10-6　车外三件套　　　□ 图 10-7　车内四件套 □ 2. 工具——车辆（本实训任务以 BMW X5 为例），世达工具、撬棍、手电筒等。					
安全检查	□ 1. 检查车辆驻车制动器是否处于制动状态，变速器挡位是否处于空挡位置。 □ 2. 在车辆前后放置车轮挡块。 □ 3. 举升车辆前，检查实训台架及周围是否安全。 □ 4. 举升车辆至高出地面 10～20cm，检查举升机支点位置是否正确。					

安全检查	□ 5. 举升车辆时，检查举升机举升过程中有无异常、异响。 注意：举升过程中若有异常或异响，应立即停止当前作业并及时联系老师，不得擅自处理。
防护工作	人身防护如图 10-8 所示。车身防护如图 10-9 所示。车内防护如图 10-10 所示。 注意：安全防护要到位。    □ 图 10-8　人身防护　　□ 图 10-9　车身防护　　　□ 图 10-10　车内防护
操作流程	**一、操作步骤** □ 1. 认知车辆底盘的部分零部件，如图 10-11 所示。需要学生指出发动机油底壳、变速器壳体、传动轴、悬架、减振器、制动器、排气管及前后副车架等的位置。   □ 图 10-11　车辆底盘部分零部件 □ 2. 检查 4 个车辆悬架，检视悬架装置的弹簧是否有裂纹，弹簧和导向装置的连接螺栓是否松动，减振器是否漏油、缺油和损坏等，防尘罩是否破损，如图 10-12 所示。   □ 图 10-12　检查悬架、减振器等

操作流程	□ 3. 检查传动轴的胶套、球头防尘罩（见图 10-13 和图 10-14）是否老化或严重磨损，并确定支撑垫是否磨损。  □ 图 10-13　传动轴胶套  □ 图 10-14　球头防尘罩 □ 4. 检查稳定杆球头是否磨损或松动，衬套是否老化或严重磨损，如图 10-15 所示。 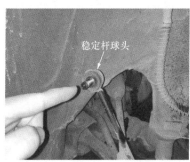  □ 图 10-15　稳定杆球头及衬套 □ 5. 检查发动机油底壳是否漏油，如图 10-16 所示。  □ 图 10-16　油底壳 注：图中油底壳有轻微漏油，应进行修理。 □ 6. 检查变速器四周及制动器油管是否漏油，如图 10-17 所示。 □ 7. 检查后桥是否破损或漏油，如图 10-18 所示。

操作流程	 □ 图 10-17　变速器  □ 图 10-18　后桥 □ 8.检查上、下摆臂（见图 10-19）及支撑点是否磨损或松动，可以用撬棍测试，如图 10-20 所示。 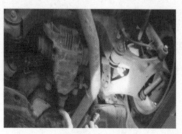 □ 图 10-19　摆臂 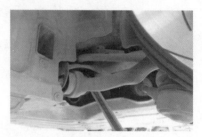 □ 图 10-20　摆臂支撑点 □ 9.检查三元催化器外观是否有损坏。 □ 10.检查排气管是否破损或有碰撞痕迹，如图 10-21 所示。  □ 图 10-21　排气管 □ 11.检查轮胎的磨损情况（是否到极限标志）和是否受损（轮胎是否有杂物），如图 10-22 所示。检查轮胎气压是否符合标准。   □ 图 10-22　轮胎的磨损标记和被铁钉刺穿的轮胎

操作流程	二、注意事项
	□ 1. 对于需要检查的位置，应按照从前向后的顺序检查。
	□ 2. 检查中遇到问题时，需进行记录，并给出处理意见。
	□ 3. 准备工作注意四到位：防护到位，工具到位，设备到位，耗材到位。
	□ 4. 实训结束后要进行场地清洁。
	三、技术要求
	□ 1. 漏油检查时，先确定是什么地方漏油、什么部件漏油，再判断是何种油，并做出处理。
	□ 2. 对部分元器件进行磨损检查时，可以用手晃动或用撬棍测试。
	□ 3. 掌握对底盘易损件的检查方法。
	□ 4. 4 个减振器均要进行检查。
	□ 5. 发动机和排气管虽然不是底盘的内容，但在车下检查时，也必须检查这两项内容。

质检验收		
□ 检查车辆是否有漏油、漏水、漏电。	是 □	否 □
□ 同客户试车确认。	是 □	否 □
□ 检查仪表是否有报警。	是 □	否 □
□ 与实训工单对照检查项目的完成情况。	是 □	否 □
□ 检查工具、设备是否有遗漏在车上。	是 □	否 □

检查与评估	
6S 管理规范（教师点评）	□ 整理　□ 整顿　□ 清扫　□ 清洁　□ 素养　□ 安全
成绩评定（学生总结）	小组对本人的评定：□ 优　□ 良　□ 及格　□ 不及格 学生本次任务成绩：□ 优　□ 良　□ 及格　□ 不及格

专业考核评分表——BMW 底盘常规检查

班级：		组别：	组长：		日期：	
技术标准：底盘检查流程及要求						

序号	作业项目	考核内容	考核标准	分值	扣分	得分
1	准备环节	人身、车辆防护	做错 1 次扣 1 分	10		
2		举升车辆	不牢固扣 5 分	10		
3	底盘检查	认知底盘各零部件	按照流程，依次检查有无渗油、破损、生锈等，错 1 次扣 2.5 分	5		
4		检查悬架装置及减振器		5		
5		检查传动轴防尘罩		5		
6		检查稳定杆球头及衬套等		5		
7		检查发动机油底壳		5		
8		检查变速器、后桥		10		
9		检查上、下摆臂		10		
10		检查三元催化器外观		10		
11		检查排气管		5		
12		检查轮胎外观		5		
13		检查轮胎气压		5		
14		项目实训时间	0～10min　　　　10 分 ＞10～12min　　　8 分 ＞12～14min　　　5 分 ＞14min　　　　　0 分	10		
质检员：		评分员：		合计得分		

教师点评：

团队合作：优秀 □　良好 □　及格 □　　　　　**分工明确**：优秀 □　良好 □　及格 □

专业标准：优秀 □　良好 □　及格 □　　　　　**操作规范**：优秀 □　良好 □　及格 □

教师签字：	年　　月　　日

注：实训未按规范操作，导致出现设备损坏或人身伤害，本次考核记 0 分。

实训项目十一 — BMW 制动系统维护

任务一　BMW 制动系统认知

_____学时

班级：	组别：	姓名：	掌握程度： □优　□良　□及格　□不及格

一、工作任务

1. 了解 BMW 制动系统的组成。

2. 掌握前、后制动摩擦片的更换流程及步骤。

3. 熟悉电子驻车系统原理。

二、任务认知

1. BMW 制动系统组成

制动系统的组成如图 11-1 所示，主要可以概括为＿＿＿＿＿＿、＿＿＿＿＿＿＿、＿＿＿＿＿＿＿和＿＿＿＿＿＿＿4 部分。供能装置可以是人工的也可以是助力（＿＿＿＿＿助力、＿＿＿＿＿助力、空液助力）的，其组成包括＿＿＿＿＿＿＿、＿＿＿＿＿＿＿＿＿；控制装置即制动踏板及驻车制动器（也有人工或电子之分）；传动装置包括气管、液压管、拉索等，作用是将制动能量传送到＿＿＿＿＿＿＿；制动器则是制动执行部件，可分为鼓式制动器与＿＿＿＿＿＿＿制动器，制动器由作动器、制动毂及制动摩擦片（制动片）组成。

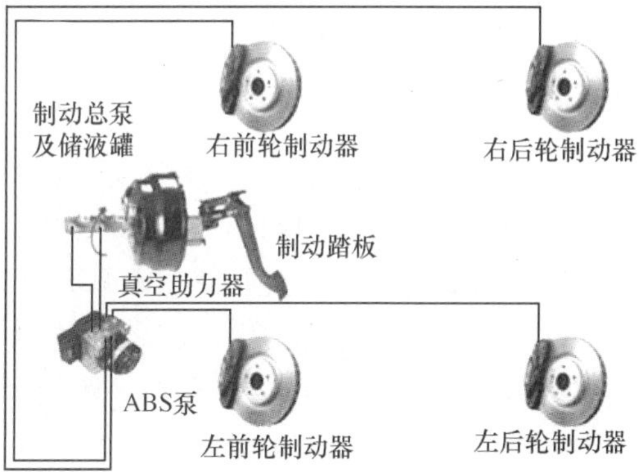

图 11-1　制动系统的组成

2. 前、后制动摩擦片更换流程及步骤

第一步：检查

在更换制动摩擦片之前，第一步需要检查制动液＿＿＿＿＿＿＿，由于在更换制动摩擦片时，会将制动液路中的油液向回顶，所以如果制动液液面比较高，就会造成油液溢出。如果发现这种情况，需要拧开上盖，垫几张吸油纸后再拧回，避免油液溢出。除了需要检查制动液之外，还需要进一步检查制动盘和制动摩擦片的＿＿＿＿＿＿＿情况。查看制动盘是否有划痕，制动摩擦片是否已经达到_____厚度。

第二步：拆卸制动钳

检查制动盘和制动摩擦片_____情况后，就可以更换制动摩擦片了。首先需要卸下卡簧，因为在盘式制动器的制动摩擦片上，都有一根不规则_____卡簧，用来固定制动摩擦片与制动钳。将其拆卸的过程也比较简单，可以使用常见的_____螺钉旋具将其卸下。需要注意的是，不同的车型，卡簧的安装_____和方法是不一样的，需要留心，以便于回装。

拆除卡簧后，拆开浮动导向销的防尘盖。从制动钳内侧卸下卡钳固定螺栓，就能卸下制动摩擦片了。另外需要注意，不同车辆的卡钳固定螺栓的位置和拆卸方法并不相同，比如有些车型是用两条铁销固定的，在更换时需要多加注意。

第三步：更换新制动摩擦片

将制动钳卸下之后，将旧制动摩擦片卸下，换上新制动摩擦片。更换时，需要注意新制动摩擦片的位置，与固定_____位相对齐，以便于安装。安装好新制动摩擦片后，使用制动分泵活塞回位钳将活塞压回分泵，装好制动钳，扣好卡簧，拧好浮动导向销的固定螺栓，更换制动摩擦片就_____了。不过需要再检查一下制动摩擦片与制动盘_____，看看是否有摩擦或其他异常情况出现。

第四步：踩制动踏板、装车轮

换好新制动摩擦片之后，还需要维修人员进入车内，多次踩制动踏板（一般_____次左右）。目的是通过制动踏板带动制动分泵活塞，挤压制动摩擦片，使其进行_____。另外，也可用来检查一下制动摩擦油泵是否_____工作。检查完毕之后，就可以把车轮装上了，一定要拧好_____。

注意：因后制动系统可能有电子驻车系统，所以需要用故障诊断仪释放电子驻车系统才能拆卸，拆卸完后电子驻车系统需要归位。

3．电子驻车系统

（1）电子驻车系统（简称EPB）也就是_____系统。电子驻车是指将行车过程中的临时性制动和停车后的长时性制动功能整合在一起，并且由电子控制方式实现停车_____的技术。

（2）电子驻车系统从基本驻车功能延伸到_____功能（AUTOHOLD），使得驾驶者在车辆停下时不需要长时间制动。起动自动电子驻车制动的情况下，能够避免车辆不必要的_____。电子驻车按键如图 11-2 所示，电子驻车（自动）在仪表中的显示如图 11-3 所示，后轮电子驻车系统组成如图 11-4 所示。

图 11-2　电子驻车按键

图 11-3　电子驻车仪表显示

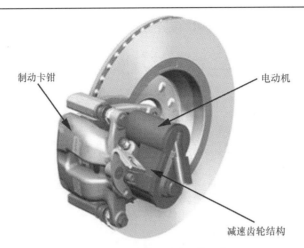

制动卡钳　　　　　　　　　电动机

减速齿轮结构

图 11-4　后轮电子驻车系统组成

（3）电子驻车系统的操作按键认知，如图 11-5 所示。

图 11-5　电子驻车系统按键结构

1 的名称：＿＿＿＿＿＿＿＿＿＿；作用是＿＿＿＿＿＿＿＿＿＿＿＿

＿＿＿＿＿＿＿＿＿＿＿＿＿＿＿＿＿＿＿＿＿＿＿＿＿＿＿＿＿＿＿。

2 的名称：＿＿＿＿＿＿＿＿＿＿；作用是＿＿＿＿＿＿＿＿＿＿＿＿

＿＿＿＿＿＿＿＿＿＿＿＿＿＿＿＿＿＿＿＿＿＿＿＿＿＿＿＿＿＿＿。

3 的名称：＿＿＿＿＿＿＿＿＿＿；作用是＿＿＿＿＿＿＿＿＿＿＿＿

＿＿＿＿＿＿＿＿＿＿＿＿＿＿＿＿＿＿＿＿＿＿＿＿＿＿＿＿＿＿＿。

4 的名称：＿＿＿＿＿＿＿＿＿＿；作用是＿＿＿＿＿＿＿＿＿＿＿＿

＿＿＿＿＿＿＿＿＿＿＿＿＿＿＿＿＿＿＿＿＿＿＿＿＿＿＿＿＿＿＿。

4．制动液认知（见图 11-6）

图 11-6　BMW 制动液

　　（1）BMW 一般使用＿＿＿＿＿＿＿＿型号的制动液，更换的周期是：＿＿＿＿＿＿＿＿。

　　（2）BMW 制动液日常检查的是＿＿＿＿＿＿＿＿；定期检查的是＿＿＿＿＿＿＿＿。

　　（3）BMW 制动液＿＿＿＿＿＿＿＿（可以或不可以）通用，原因是＿＿＿＿＿＿＿＿＿＿＿＿＿＿＿＿＿。

━━━━━━━━━━━━━━━━━ □ 案例分享 □ ━━━━━━━━━━━━━━━━━

━━━━━【故障现象】━━━━━

有一辆2016年BMW525，行驶了38 000km，近日，车主发现制动时有异响并且制动效果变差。

━━━━━【故障诊断】━━━━━

根据车主反映的情况，初步诊断是制动摩擦片或者制动盘出现问题导致的。

━━━━━【故障排除】━━━━━

维修人员试车发现确实出现了上述问题，紧急制动时声音更大，拆下轮胎发现制动盘上有不规则的磨损痕迹。拆下制动摩擦片查看，发现制动摩擦片还有很厚，询问车主，车主说前不久换了新制动摩擦片之后就这样。维修人员更换了一副新制动摩擦片，试车，故障排除。

━━━━━【故障原因】━━━━━

这是一例关于制动系统的故障，原因是制动摩擦片材质不对，偏硬导致制动盘磨损。同种型号制动摩擦片可能由不同厂家生产，有些非原厂部件所用材料达不到要求，有可能导致故障出现。

━━━━━【案例总结】━━━━━

制动系统影响驾驶安全，建议大家尽量使用原厂部件，有些非原厂部件会误导维修人员，导致维修时间变长。

任务二　更换 BMW 制动液和制动摩擦片

_____学时

班级：		组别：	姓名：	掌握程度： □优　□良　□及格　□不及格
实训目的	掌握 BMW 制动液和制动摩擦片更换流程。			
安全注意 事项	注意设备及个人安全，规范操作。			
教学组织	每辆车按 6 位学员（组长 1 人、主修 1 人、辅修 1 人、观察员 1 人、评分 1 人、质检 1 人）作业，循环操作。			
操作步骤 演示				
任务	作业记录内容　☑ 正确　☒ 错误			
前期准备	□ 1. 护具——整车防护七件套（车外三件套——前翼子板垫/左右翼子板垫，车内四件套——转向盘套/脚垫/座椅套/变速器操作杆套），如图 11-7 和图 11-8 所示。 □ 2. 工具——车辆（本实训任务以 BMW320 为例）、世达工具、故障诊断仪（见图 11-9）、制动液更换机（见图 11-10）。			

前期准备	□ 图 11-9　故障诊断仪　　　　　　□ 图 11-10　制动液更换机 □ 3.耗材——软布、清洗剂、原厂制动液等，如图 11-11 和图 11-12 所示。 更换周期：4万km 2年时间 □ 图 11-11　清洗剂　　　　　　　□ 图 11-12　原厂制动液
安全检查	□ 1. 检查车辆驻车制动器是否处于制动状态，变速器挡位是否处于空挡位置。 □ 2. 在车辆前后放置车轮挡块。 □ 3. 举升车辆前，检查实训车辆或台架周围是否安全。 □ 4. 举升车辆至高出地面 10～20cm，检查举升机支点位置是否合适。 □ 5. 举升车辆时，注意举升机使用过程中有无异常或异响。 注意：举升过程中若有异常或异响，应立即停止当前作业并及时向老师汇报，不得擅自处理。
防护工作	人身防护如图 11-13 所示。车身防护如图 11-14 所示。车内防护如图 11-15 所示。 注意：安全防护要到位。 □ 图 11-13　人身防护　　　□ 图 11-14　车身防护　　　□ 图 11-15　车内防护
操作流程	一、操作步骤 **步骤一　更换制动液** □ 1. 如图 11-16 所示，观察制动液的颜色是否正常，检测制动液的量是否足

够，检查制动管道是否泄漏，最后检测制动液的含水量是否超标，如图 11-17 所示。

□ 图 11-16　制动液颜色

□ 图 11-17　测含水量

□ 2. 打开发动机舱盖，用制动液更换机把储液罐的制动液吸干净，如图 11-18 所示，然后加入新制动液。

□ 图 11-18　吸制动液

□ 3. 升起车辆，拆下轮胎，将抽油机软管连接到分泵排气阀，松开排气阀后，起动抽油机抽出分泵制动液，观察软管排出的制动液干净即可，如图 11-19 和图 11-20 所示。

□ 图 11-19　连接分泵排气阀

□ 图 11-20　松开排气阀抽取制动液

□ 4. 向储液罐中加注制动液，直到制动液液位正常后，对制动液进行保养复位，如图 11-21（a）、（b）所示。制动液复位方法：先起动发动机，长按仪表左下角的黑色按键，中间出现一个三角号时不松开按键；当出现制动液标识时，松开按键，再次长按这个按键，显示 RESET 或是否复位，松开再次长按，就完成复位。

操作流程

操作流程	

（a）　　　　　　　　（b）

□ 图 11-21　制动液保养复位

步骤二　更换制动摩擦片

□ 1．BMW 制动摩擦片的更换周期：前制动摩擦片 6 万 km，后制动摩擦片 2.2 万 km。具体更换时间可参考行驶里程数或制动摩擦片更换警示，如图 11-22 和图 11-23 所示。

□ 图 11-22　行驶里程　　　　　□ 图 11-23　制动摩擦片更换警示

□ 2．打开点火开关，按住电子驻车制动按键（见图 11-24）1min，直到仪表中央显示屏提示"驻车制动器失效"。

□ 图 11-24　电子驻车制动按键

□ 3．这说明电子驻车制动器进入维修模式，可以拆装后制动摩擦片（拆卸与安装前、后轮制动摩擦片的方法是相同，本任务重点讲解后轮制动摩擦片拆装方法）。

□ 4．先松开后轮的固定螺栓，再举升举升机，离地 10～15cm 后，卸下后轮。

□ 5．拔下制动分泵、制动感应线的插头，拆下制动分泵，取下制动摩擦片，如图 11-25 和图 11-26 所示。

□ 图 11-25　拆卸制动分泵　　　　□ 图 11-26　制动摩擦片

□ 6．把新制动摩擦片和制动感应线安装到位，如图 11-27 和图 11-28 所示。

□ 图 11-27　制动感应线　　　□ 图 11-28　安装新制动摩擦片和制动感应线

□ 7．把制动分泵、制动感应线的插头插上，试运转驻车制动器，如图 11-29 所示，听到电动机的工作声音为止。

□ 8．如图 11-30 所示，安装轮胎，起动车辆，踩制动踏板让分泵回位。检查并调整制动液液位，盖好制动液储液罐盖。

□ 图 11-29　试运转驻车制动器　　　□ 图 11-30　安装轮胎

□ 9．仪表中制动报警灯的复位方法：将点火开关打开（不能起动发动机），用手按住左下方的黑色按键（此按键可进行机油、制动摩擦片、制动液等复位），直到仪表中出现前制动摩擦片复位的字样（或后制动摩擦片复位的字样），如图 11-31 和图 11-32 所示，松开再按住，直到复位成功。

操作流程

操作流程	　□ 图 11-31　前制动报警灯的复位　　　□ 图 11-32　后制动报警灯的复位 **二、注意事项** □ 1．一定要注意四到位：防护到位，工具到位，设备到位，耗材到位。 □ 2．操作中，注意个人防护与 6S 管理规范。 **三、技术要求** □ 1．先观察汽车行驶里程数或使用时间，再判断制动液是否已到保养期。 □ 2．采用制动液更换机换油（具体方法可以参考汽车底盘实训工单的有关资料）。 □ 3．本任务采用了手动方法复位，也可以使用专用故障诊断仪操作（具体的方法可以参考故障诊断仪使用方法）。 □ 4．制动分泵成功回位后，应更换后轮制动摩擦片或制动钳执行器。更换完毕后将制动分泵装回车辆，确保安装正确。必须用故障诊断仪，严格按使用说明，采用执行"释放制动分泵模式"功能，做到分泵自动复位。 □ 5．必须按照故障诊断仪的界面和操作使用说明，以免出现不必要的操作失误。 □ 6．如果是后制动摩擦片更换，需要注意电子驻车，一般情况可以手动解除，按下驻车制动器的按键 1min 会出现"驻车制动失效"字样，此时就可以更换了，更换完后拉起驻车制动器按键 20s 后恢复正常。 □ 7．更换后制动片后，必须让制动分泵回位，固定螺栓按照标准扭矩拧紧。
质检验收	□ 检查制动液的量（液面高度）和品质。　　　　　　　　是 □ 否 □ □ 同客户试车确认。　　　　　　　　　　　　　　　　　是 □ 否 □ □ 判断是否成功放开或起动电子驻车制动（方法：观察"P"按钮上的 LED 灯不亮表示放开成功；亮表示起动成功）。　　　　　　　是 □ 否 □ □ 与实训工单对照检查项目的完成情况。　　　　　　　是 □ 否 □ □ 检查工具、设备是否有遗漏在车上。　　　　　　　　是 □ 否 □

检查与评估		
6S 管理规范 （教师点评）	□ 整理　□ 整顿　□ 清扫　□ 清洁　□ 素养　□ 安全	
成绩评定 （学生总结）	小组对本人的评定：□ 优　□ 良　□ 及格　□ 不及格	
	学生本次任务成绩：□ 优　□ 良　□ 及格　□ 不及格	

专业考核评分表——更换 BMW 制动液和制动摩擦片

班级：		组别：	组长：		日期：		

技术标准：1. 制动液更换流程；2. 制动摩擦片的检测标准与更换要求

序号	作业项目	考核内容	考核标准	分值	扣分	得分
1	准备环节	正确选用工具	选错 1 次扣 1 分	5		
2		正确使用工具	用错 1 次扣 1 分	5		
3	制动液检查与更换	制动液检测	按照流程规范操作，错 1 次扣 2.5 分	5		
		制动液更换		10		
4	制动摩擦片拆卸环节	将后轮设置为"维修模式"	按照流程规范拆卸，错 1 次扣 5 分	15		
5		举升机规范使用及轮胎的拆卸				
6		制动分泵的拆卸				
7		内、外制动摩擦片分解	按照流程规范分解，错 1 次扣 2 分	10		
8	制动摩擦片检查与安装环节	制动摩擦片安装	按照后拆先装顺序进行操作，错 1 次扣 2 分	20		
9		试运转驻车制动器				
10		安装轮胎	按照后拆先装顺序进行操作,错 1 次扣 2 分、少 1 道工序扣 5 分	20		
11		调整制动液液面				
12		制动报警灯的复位				
13		项目实训时间	0～15min　　　　10 分 >15～18min　　　7 分 >18～20min　　　3 分 >20 min　　　　　0 分	10		

质检员：	评分员：	合计得分	

教师点评：

团队合作： 优秀 □　良好 □　及格 □　　　　**分工明确：** 优秀 □　良好 □　及格 □

专业标准： 优秀 □　良好 □　及格 □　　　　**操作规范：** 优秀 □　良好 □　及格 □

教师签字：		年　　　月　　　日

注：实训未按规范操作，导致出现设备损坏或人身伤害，本次考核记 0 分。

实训项目十二 — BMW 助力转向系统检测

任务一 BMW 助力转向系统认知

_____学时

班级：	组别：	姓名：	掌握程度： □优　□良　□及格　□不及格

一、工作任务

1. 了解 BMW 液压助力转向系统。
2. 掌握 BMW 电动助力转向系统原理。
3. 熟悉 BMW 电动助力转向系统的检测与维修。

二、任务认知

1. 宝马各车系的转向系统

查询有关资料，补全表 12-1 中空白的地方。

表 12-1　不同宝马系列采用的转向系统

车型系列	标配转向系统	选配转向系统
BMW 1 系（E8x）		
BMW 3 系（E9x）	电动助力转向系统	主动转向系统
BMW 3 系 2011 款始		
BMW 5 系（E6x）	电动助力转向系统	主动转向系统
BMW 5 系 GT（F07）		
BMW 5 系（F1x）	EPS-APA（具有轴平行布置结构的电动机械式助力转向系统）	
BMW 7 系（E6x）		
BMW 7 系（Fx）	电动助力转向系统	Integral（整合式）主动转向系统
BMW X3（E83）		
BMW X5/X6（E70/E71）	主动转向系统（欧版）	
BMW Z4（E85/E89）		
MINI（R55/R56）	P-EPS（小齿轮式电动助力转向系统）	

2. 宝马液压助力转向系统

（1）SVT 液压助力转向系统。

① 该系统的特点是根据_____调节转向助力，通过 SVT（Servotronic）阀来调节助力泵的液压压力；车速低时提供的转向助力，车速较高时提供_____的转向助力。

② 液压助力转向系统的组成如图 12-1 所示，填写各组件名称及作用。

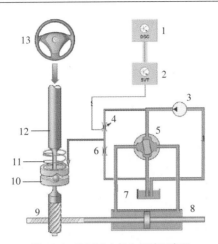

图 12-1　液压助力转向系统示意图

1 的名称是动态稳定控制系统，其作用为_____；

2 的名称是_____，其作用为_____；

3 的名称是_____，其作用为_____；

4 的名称是_____，其作用为_____；

5 的名称是_____，其作用为_____；

6 的名称是节流阀，其作用为_____；

7 的名称是_____，其作用为_____；

8 的名称是_____，其作用为_____；

9 的名称是_____，其作用为_____；

10 的名称是定心单元，其作用为_____；

11 的名称是定心单元弹簧，其作用为_____；

12 的名称是_____，其作用为_____；

13 的名称是_____，其作用为_____。

③ SVT 阀的认知，如图 12-2 所示。

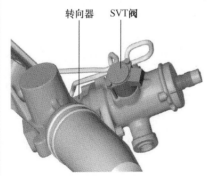

转向器　　SVT阀

图 12-2　SVT 阀

- SVT 阀安装位置在_____。
- SVT 阀是一个液电转化器，即将_____信号转化为液压信号的转化器。阀内集成 1 个直径为_____mm 的可变堵塞。
- 接通的条件是打开点火开关，发动机运转；如果发动机起动，车速为 0，SVT 阀就设置最_____转向力；5s 内车速一直为 0，SVT 阀就设置最_____转向力。

（2）主动液压转向系统（AL）。

① 判断车上是否安装主动液压转向系统的方法：低速时将转向盘从最左打到最右少于_____圈；转向柱上多个_____，液压泵上带有 ECO[用于调节液压油流量的电动调节阀，该阀门称为电子控制喷嘴（ECO）]。

② 根据图 12-3 所示主动液压转向系统的组成，填写相应组件的名称及作用。

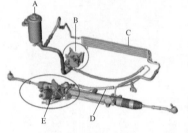

A 的名称及作用为_____；

B 的名称及作用为_____；

C 的名称及作用为_____；

D 的名称及作用为_____；

E 是 AL 主动转向器总成，用于驱动电动机和控制液压大小辅助转向操作。

图 12-3　主动液压转向系统

③ 查询维修资料，根据图 12-4 所示，填写 AL 主动转向器组件的名称及作用。

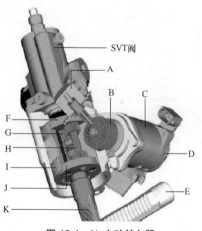

A 的名称及作用为_____；

B 的名称及作用为_____；

C 的名称及作用为_____；

D 的名称及作用为_____；

E 的名称及作用为_____；

F 的名称及作用为_____；

G 的名称及作用为_____；

H 的名称及作用为_____；

I 的名称及作用为_____；

J 的名称及作用为_____；

K 的名称及作用为_____。

图 12-4　AL 主动转向器

3. 电动助力转向系统（见图 12-5）

（1）电动助力转向系统概述（查询资料并完成填空）。

电动助力转向系统由控制单元控制，可以容易地实现助力随车速_____和故障诊断。而且它在仅有转向动作的时候消耗电力，直线行驶时无能量消耗，明显比液压助力转向系统节能，整车油耗可以下降_____%。

图 12-5　电动助力转向系统位置

（2）填写电动助力转向系统组成名称及作用（见图 12-6）。

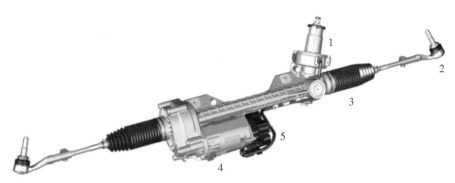

图 12-6　电动助力转向系统部分组成

1 名称是＿＿＿＿＿＿＿＿＿＿，作用是＿＿＿＿＿＿＿＿＿＿＿＿＿＿＿＿＿＿＿＿＿；
2 名称是＿＿＿＿＿＿＿＿＿＿，作用是＿＿＿＿＿＿＿＿＿＿＿＿＿＿＿＿＿＿＿＿＿；
3 名称是＿＿＿＿＿＿＿＿＿＿，作用是＿＿＿＿＿＿＿＿＿＿＿＿＿＿＿＿＿＿＿＿＿；
4 名称是伺服电动机锁，作用是＿＿＿＿＿＿＿＿＿＿＿＿＿＿＿＿＿＿＿＿＿＿＿＿＿；
5 名称是＿＿＿＿＿＿＿＿＿＿，作用是＿＿＿＿＿＿＿＿＿＿＿＿＿＿＿＿＿＿＿＿＿。

（3）电动助力转向系统工作原理（见图 12-7）。

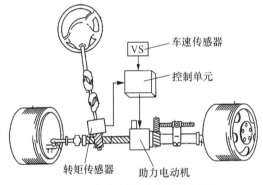

图 12-7　电动助力转向系统工作原理

　　电动助力转向系统是由＿＿＿＿＿＿＿＿＿、＿＿＿＿＿＿＿＿＿、控制单元和助力电动机等构成的。在转向柱位置安装了转矩传感器，当转向盘转动时，转矩传感器探测到＿＿＿＿＿＿＿＿＿，并转化成电信号传给控制单元，车速传感器同时＿＿＿＿＿＿＿＿＿传给控制器，控制器运算后向助力电动机输出适当的＿＿＿＿＿＿，驱动助力电动机转动，助力电动机通过减速机构将扭矩放大，推动转向拉杆运动，实现助力。根据速度可变助力的特性能够让转向盘在低速时＿＿＿＿＿＿＿＿＿，而在高速时更＿＿＿＿＿＿＿＿＿。

　　助力电动机布置在转向机上，直接作用于转向拉杆，助力电动机推动转向拉杆帮助转向，这种结构比较紧凑，便于布置，使用广泛。转向盘转向部分与电动机辅助是相对独立，路面的信息能够通过轮胎、齿轮齿条机构回馈至方向盘处，拥有更加清晰的"＿＿＿＿＿＿＿＿＿＿＿＿＿＿"，更好地兼顾了驾驶乐趣。

········· □ 案例分享 □ ·········

●———【故障现象】———●

有一辆 2015 年的宝马 320Li，行驶了 19 万 km，在行驶过程中，转向助力消失，仪表盘中转向助力报警灯亮。

●———【故障诊断】———●

首先经故障诊断仪检测，发现电动助力转向系统控制单元无法通信。

初步诊断是内部控制单元损坏，但是控制单元与转向器是一体的，价格很昂贵。无法准确确定的情况下不建议更换，拆下试乘试驾同款车辆电子转向器进行更换（因价格太高车主不同意更换）。

●———【故障排除】———●

询问车主后得知，该车在清洗时，对发动机舱进行了冲洗，怀疑控制单元进水，对接线头，清洁控制单元，用 BMW 专用故障诊断仪进行学习编程，故障消失，试车，故障没有再出现。

●———【故障原因】———●

故障出现的原因可能是电子部件进水导致电路电气故障。

●———【案例总结】———●

当故障原因无法确认时，可与试乘试驾同款车辆的配件相互调换，以确认并排除故障。这种方法对控制单元的故障判断处理效果更明显。

任务二　更换并匹配 BMW 转向角传感器

_____学时

班级：		组别：		姓名：		掌握程度： □优　　□良　　□及格　　□不及格
实训目的	掌握转向角传感器更换流程。					
安全注意 事项	注意设备及个人安全，规范操作。					
教学组织	每辆车按 6 位学员（组长 1 人、主修 1 人、辅修 1 人、观察员 1 人、评分 1 人、质检 1 人）作业，循环操作。					
操作步骤 演示	前期准备 安装流程 前期准备 微课 更换并匹配转向角 位置传感器（一） 微课 更换并匹配转向角 位置传感器（二） 微课 更换并匹配转向角 位置传感器（三）					
任务	作业记录内容　　☑ 正确　　☒ 错误					
前期准备	□ 1. 护具——整车防护七件套（车外三件套——前翼子板垫/左右翼子板垫，车内四件套——转向盘套/脚垫/座椅套/变速器操作杆套），如图 12-8 和图 12-9 所示。 前翼子板垫　左右翼子板垫 转向盘套　座椅套 脚垫　变速器操作杆套 □ 图 12-8　车外三件套　　　　□ 图 12-9　车内四件套					

前期准备	□ 2．工具——车辆（本实训任务以宝马 320i 为例）、故障诊断仪、世达工具等，如图 12-10 和图 12-11 所示。 □ 图 12-10　故障诊断仪　　　　　　□ 图 12-11　世达工具 □ 3．配件——转向角传感器，如图 12-12 和图 12-13 所示。 □ 图 12-12　转向角传感器安装位置　　　□ 图 12-13　转向角传感器
安全检查	□ 1．检查车辆驻车制动器是否处于制动状态，变速器挡位是否处于空挡位置。 □ 2．在车辆前后放置车轮挡块。 □ 3．使用车辆前，检查车辆或台架周围是否安全。 注意：使用过程中若有异常或异响，应立即停止当前作业并及时向老师汇报，不得擅自处理。
防护工作	人身防护如图 12-14 所示。车身防护如图 12-15 所示。车内防护如图 12-16 所示。 注意：安全防护要到位。 □ 图 12-14　人身防护　　□ 图 12-15　车身防护　　□ 图 12-16　车内防护
操作流程	一、操作步骤 步骤一　更换转向角传感器 □ 1．观察转向系统报警灯和驻车制动器灯，若两灯长亮（见图 12-17）则需进行故障诊断。

□ 图 12-17 转向系统报警灯和驻车制动器灯

□ 2. 运用故障诊断仪，进入 ISTA 系统读取故障码（见图 12-18），故障码是"转向角传感器失效"；接着转动转向盘，从故障诊断仪读取转向角传感器。若数据无变化，检查相关线路连接也没有问题，则需更换转向角传感器。

操作流程

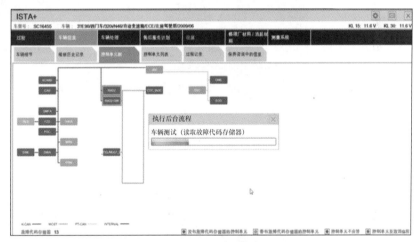

□ 图 12-18 读取故障码

□ 3. 打开行李箱，拆下地板，找到蓄电池（G1），如图 12-19（a）所示，拆掉蓄电池负极，静等 3min，如图 12-19（b）所示。

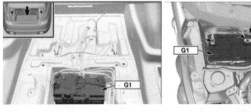

（a）蓄电池位置　　　　　　　　（b）拆掉蓄电池负极

□ 图 12-19 拆卸蓄电池位置

□ 4. 把多功能转向盘连接线束插头拔下，用螺钉旋具和专用撬板（见图 12-20）拆卸安全气囊，如图 12-21 所示。

操作流程	

	□ 图 12-20　专用撬板　　　　　□ 图 12-21　拆下安全气囊
	□ 5．用 16 号套筒拆下转向盘中心螺栓，图 12-22 所示，然后取下多功能转向盘（见图 12-23），并放置到合适的位置（比如零部件车）上。

	□ 图 12-22　拆卸中心螺栓　　　□ 图 12-23　取下多功能转向盘
	□ 6．拆下游丝（安全气囊主要连接部件）固定螺栓，取下游丝总成，如图 12-24 所示，游丝总成下部为转向角传感器。拆下损坏的转向角传感器，如图 12-25 所示。

	□ 图 12-24　拆下游丝　　　　　□ 图 12-25　拆下转向角传感器
	□ 7．根据旧传感器型号，选择和安装新的转向角传感器，并装好附件，如图 12-26 所示。

	□ 图 12-26　选择及安装新转向角传感器

☐ 8. 安装好游丝，安装好安全气囊并且连接好电源。

☐ 9. 打开点火开关，按照要求使用故障诊断仪选择车型。

☐ 10. 开始进行学习及调校。

步骤二　匹配设置

☐ 1. 进入 ISTA 系统，选择"车辆处理"，在界面选择"服务功能"，再单击"底盘"，出现图 12-27 所示界面。

☐ 图 12-27　进入 ISTA 系统

☐ 2. 单击"转向角传感器"，如图 12-28 所示，出现左侧界面，再单击"显示"按钮，等待一段时间，出现图 12-28 所示的右侧界面。单击"转向角传感器调校"，接着单击"ABL SZL/DSC:转向角传感器匹配"。

☐ 图 12-28　转向角传感器调校与匹配

☐ 3. 根据图 12-29 所示左侧界面的提示，先起动发动机并举升车辆，阅读信息提示后单击"继续"按钮。

操作流程

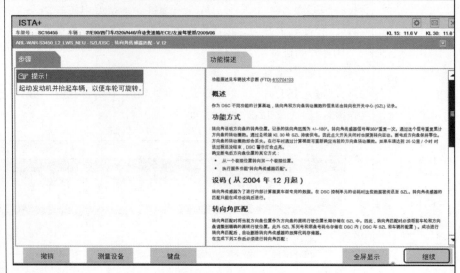

□ 图 12-29　界面提示

操作流程

□ 4．左侧界面显示如图 12-30 所示。获得检测车辆的转向角数据，然后单击"继续"按钮。

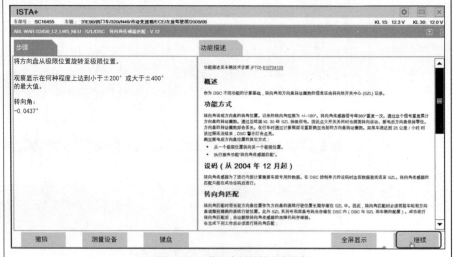

□ 图 12-30　获取车辆的转向角数据

□ 5．根据左侧界面提示信息，如果未记住检测车辆转向角或没显示，可以单击"未知"，再单击已由灰色字体变为黑字字体的"继续"，如图 12-31 所示，获取车辆的最大转向角。当获得信息后，再回到该界面，单击"小于±200°"或"大于±400°"（注：如果在两数据之间，则无须匹配了），单击"继续"按钮。

□ 图 12-31　获取车辆的最大转向角

□ 6. 单击"继续"按钮后出现图 12-32 所示的界面，单击"启动匹配程序"。

□ 图 12-32　启动匹配程序

□ 7. 在图 12-32 所示的界面中单击"继续"按钮，出现图 12-33 所示的界面，确定匹配转向角前所列的操作均已完成，单击"继续"按钮。

□ 图 12-33　匹配转向角前的工作准备

操作流程

操作流程	□ 8. 如图 12-34 所示，根据界面的提示进行相应检查和操作。 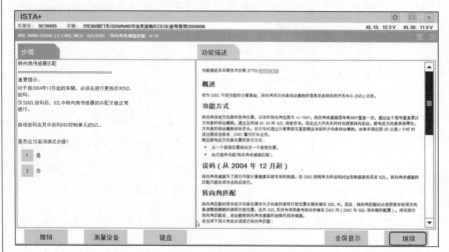 □ 图 12-34　转向角传感器匹配 □ 9. 如图 12-34 所示，当界面显示重要提示与车辆符合时，应选择"否"，然后单击由灰色变为黑色字体的"继续"按钮，界面如图 12-35 所示，再次单击右下角的"继续"按钮确认检测结果。 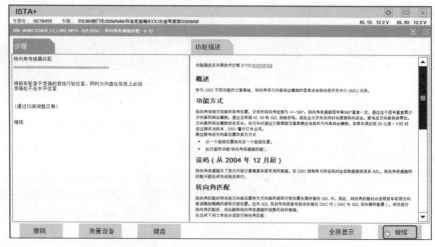 □ 图 12-35　确认检测结果 □ 10. 转向角传感器开始匹配，如图 12-36 所示。 □ 11. 当出现图 12-37 所示的内容后，说明匹配已成功。若显示匹配失败，则需读取故障码，检查并排除故障后，再进行匹配，直到匹配成功。 □ 12. 匹配成功后，单击"继续"按钮，出现图 12-38 所示的界面，匹配服务结束。

□ 图 12-36　匹配正在进行

操作流程

□ 图 12-37　转向角传感器匹配成功

二、注意事项

□ 1．注意四到位：防护到位，工具到位，设备到位，耗材到位。

□ 2．防护包括人身防护和车辆防护。

□ 3．组员之间应相互配合、分工明确。

□ 4．按照规范流程进行操作。

三、技术要求

□ 1．拆卸安全气囊时，断电 3min 以上。

□ 2．掌握故障诊断仪对转向角传感器的基本设置和匹配方法。

□ 3．故障诊断仪确定无故障码时，转向角传感器才会匹配成功。

操作流程	
	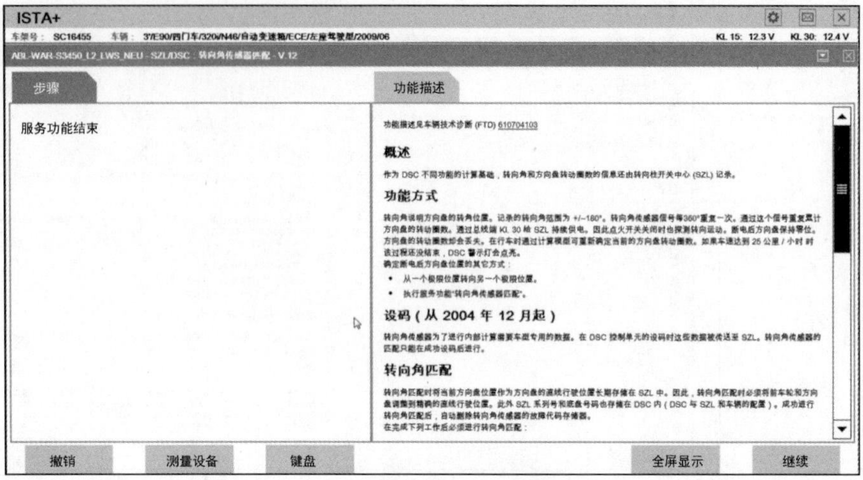 □ 图 12-38　匹配服务结束

质检验收	□　与客户试车确认。	是 □　否 □
	□　检查仪表是否有报警。	是 □　否 □
	□　与实训工单对照检查项目的完成情况。	是 □　否 □
	□　检查工具、设备是否有遗漏在车上。	是 □　否 □

检查与评估	
6S 管理规范 （教师点评）	□　整理　□　整顿　□　清扫　□　清洁　□　素养　□　安全
成绩评定 （学生总结）	小组对本人的评定：□ 优 □ 良 □ 及格 □ 不及格 学生本次任务成绩：□ 优 □ 良 □ 及格 □ 不及格

专业考核评分表——更换并匹配BMW转向角传感器

班级：	组别：		组长：	日期：		
技术标准：1. 转向角传感器拆装流程；2. 转向角传感器的匹配方法						
序号	作业项目	考核内容	考核标准	分值	扣分	得分
1	准备环节	车内车外防护	做错1次扣1分	5		
2		车辆举升时安全检查	位置不对扣5分	5		
3	更换与匹配环节	查询故障码及读取相应的数据流	按照流程规范操作，错1次扣5分	5		
4		拆掉蓄电池负极		5		
5		拆卸安全气囊及多功能转向盘		5		
6		拆除安全气囊游丝		10		
7		拆下转向角传感器		5		
8		选择及安装新的转向角传感器		10		
9		装好安全气囊及附件		10		
10		连接故障诊断仪		5		
11		进入故障诊断仪系统中		5		
12		选择匹配的程序		10		
13		匹配成功		10		
14		项目实训时间	0～10min　　　　10分 >10～12min　　　8分 >12～14min　　　5分 >14min　　　　　0分	10		
质检员：		评分员：		合计得分		
教师点评：						

团队合作： 优秀 □　良好 □　及格 □　　　　**分工明确：** 优秀 □　良好 □　及格 □

专业标准： 优秀 □　良好 □　及格 □　　　　**操作规范：** 优秀 □　良好 □　及格 □

教师签字：	年　　月　　日

注：实训未按规范操作，导致出现设备损坏或人身伤害，本次考核记0分。

任务一　ZF 8 速自动变速器的认知

_____学时

班级:	组别:	姓名:	掌握程度: □优　□良　□及格　□不及格

一、工作任务

1．了解 ZF 8 速自动变速器的应用，了解该变速器专用油的作用及型号含义。

2．了解 ZF 8 速自动变速器的基本组成及作用。

3．掌握 BMW 典型变速器油更换方法、变速器油检查。

二、任务认知

1．ZF 8 速自动变速器认知

ZF 是德国_____公司的简称，8 是指有_____个前进挡。ZF 公司成立于 1915 年，总部位于_____，它目前是全球最大的传动技术公司。ZF 公司所生产的自动变速器，在欧洲品牌车型上得到广泛应用，_____、_____、_____这些德国车大都装备 ZF 自动变速器。

2．ZF 自动变速器专用油认知

（1）ZF 自动变速器专用油为_____变速器量身定制，为满足不同使用条件下的变速器要求而开发。

（2）作用：_____自动变速器油是一种_____的润滑油，主要用于汽车自动变速系统，起到_____和传送能量、_____等作用。

（3）在 ZF 8 速全合成自动变速器油（见图 13-1）中，ZF 是变速器油型号，其中的标注"8"的含义是_____。在图 13-2 所示变速器油型号中，DV6 表达的含义是_____。

图 13-1　ZF 8 速全合成自动变速器专用油　　　　图 13-2　双离合变速器专用油

3．ZF 8速自动变速器的组成

ZF 8速自动变速器由变速器阀体、_____、_____和_____等组成，如图13-3所示。

液力变矩器与油泵　　　　　　　　　　变速器阀体与机电单元

图13-3　ZF 8速自动变速器结构组成

4．变速器滤芯

（1）作用：变速器滤芯是对变速器内的变速器油起_____的装置，它一般用来过滤变速器中的_____，如图13-4所示。其安装的位置是_____。有的车型过滤器与油底壳制成一体，如图13-5所示。

图13-4　变速器滤芯磁铁吸附金属粉屑

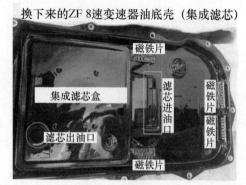

换下来的ZF 8速变速器油底壳（集成滤芯）

磁铁片
集成滤芯盒
滤芯进油口
磁铁片
磁铁片
滤芯出油口
磁铁片

图 13-5　变速器滤芯

（2）工作原理：发动机运转，旋转飞轮→液力变矩器→变速器油泵，油泵旋转，产生吸力，油底壳里面的变速器油经过_____过滤，过滤的自动变速器油一部分经变速器阀体流入变速器内部各个行星齿轮组及离合或制动器组件，另一部分油进入_____。

5．ZF 8 速自动变速器传动比

观察 ZF 8 速自动变速器传动比（见表 13-1），分析并回答以下问题。

表 13-1　ZF 8 速自动变速器传动比

挡位	1挡	2挡	3挡	4挡	5挡	6挡	7挡	8挡	倒挡	主减速比
传动比	4.696	3.130	2.104	1.667	1.285	1.000	0.839	0.667	3.300	2.81

直接挡是_____，原因是_____；7、8 挡是_____，设计这两个挡的目的是_____。

◇ 案例分享 ◇

【故障现象】

有一辆 2013 年的 BMW520，装备的是 ZF 8 速手自一体自动挡的变速器，行驶了 18 000km。近日，车主发现冷车起步时上挡有冲击现象，并且车上显示屏提示传动系统故障。然而在车辆行驶一段时间热车后，一切就恢复正常。

【故障诊断】

车主来到维修中心检查，怀疑是油品问题（车主在 2 个月前做过车辆的大保养，自动变速器油更换过了）。而且车主已经去 4S 店咨询过，维修人员认为自动变速器不应该换油，更换的也不是原厂的自动变速器油。

维修中心维修人员认为应该不是油品问题，因为已经维修过很多宝马车型了，都没出现过类似的问题。

———— 【故障排除】 ————

　　维修人员试车发现确实有一点冲击现象，但是因为提前热车了，所以故障现象不明显，因此决定使用举升机举升车辆进行油位检查。车辆举升后发现自动变速器下护板上有很多油渍，进一步检查油位，发现自动变速器油不足。经检查，是因为自动变速器的油底壳渗油，造成的故障现象。更换油底壳，自动变速器油加到标准位置，试车，一切正常。

———— 【故障原因】 ————

　　这是一例因为自动变速器油缺失造成的故障案例。提醒维修人员，在进行自动变速器保养之后，自动变速器油的油位一定要检查，不要因为使用等量交换设备更换，就认为变速油是足够的。因为自动变速器油加注机会因为存在压力差而造成加注油液不够，或者自动变速器本身的油液不够，所以完工后一定要进行油量检查。

———— 【案例总结】 ————

　　注意有的车型是有油尺的，有的是溢流口形式的，油位要求是不一样的，造成大家对油位检查认知有差异，但检查方法都一样：车辆必须发动，在急速的状态，各挡位运转1遍，然后处于P挡位，油温在40～50℃时检查最准确（变速油液也有热胀冷缩的特性），油量检测参考维修手册。

任务二　更换 BMW 变速器油

_____学时

班级：	组别：	学员：	掌握程度： □优　□良　□及格　□不及格
实训目的	掌握更换变速器油的操作步骤及注意事项。		
安全注意事项	注意设备及个人安全，规范操作。		
教学组织	每辆车按 6 位学员（组长 1 人、主修 1 人、辅修 1 人、观察员 1 人、评分 1 人、质检 1 人）作业，循环操作。		
操作步骤演示	前期准备 微课 更换变速器油		
任务	作业记录内容　☑ 正确　☒ 错误		
前期准备	□ 1. 护具——整车防护七件套（车外三件套——前翼子板垫/左右翼子板垫，车内四件套——转向盘套/脚垫/座椅套/变速器操作杆套），如图 13-6 和图 13-7 所示。 前翼子板垫　左右翼子板垫 转向盘套　座椅套　脚垫　变速器操作杆套 □ 图 13-6　车外三件套　　　□ 图 13-7　车内四件套 □ 2. 工具——车辆（本实训任务以 BMW320Li 为例）、世达工具、故障诊断仪（见图 13-8）、自动变速器换油机（见图 13-9）、油液收集器等。 □ 3. 耗材——软布（在实训过程中，用于清洁、擦拭设备）、清洗剂、变速器油和滤芯等，如图 13-10～图 13-12 所示。		

前期准备	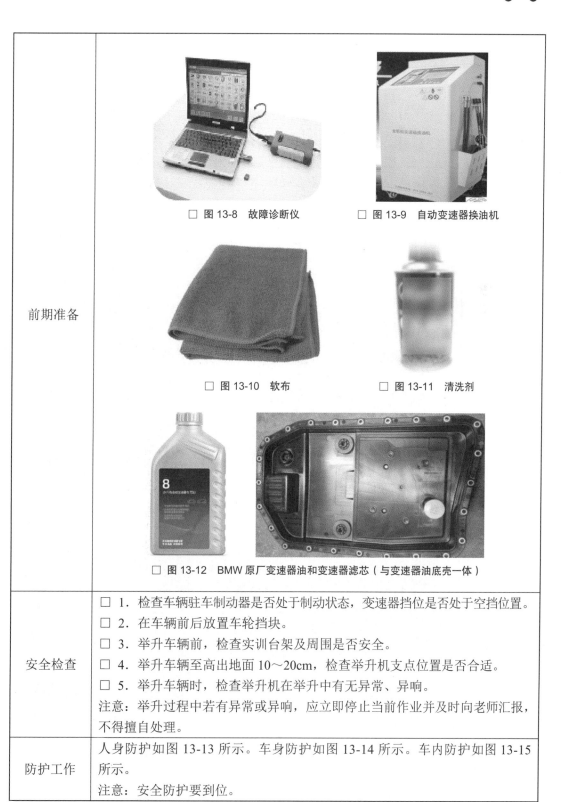 □ 图 13-8　故障诊断仪　　　□ 图 13-9　自动变速器换油机 □ 图 13-10　软布　　　□ 图 13-11　清洗剂 □ 图 13-12　BMW原厂变速器油和变速器滤芯（与变速器油底壳一体）
安全检查	□ 1. 检查车辆驻车制动器是否处于制动状态，变速器挡位是否处于空挡位置。 □ 2. 在车辆前后放置车轮挡块。 □ 3. 举升车辆前，检查实训台架及周围是否安全。 □ 4. 举升车辆至高出地面 10~20cm，检查举升机支点位置是否合适。 □ 5. 举升车辆时，检查举升机在举升中有无异常、异响。 注意：举升过程中若有异常或异响，应立即停止当前作业并及时向老师汇报，不得擅自处理。
防护工作	人身防护如图 13-13 所示。车身防护如图 13-14 所示。车内防护如图 13-15 所示。 注意：安全防护要到位。

防护工作	   □ 图 13-13　人身防护　　□ 图 13-14　车身防护　　　　□ 图 13-15　车内防护
操作流程	**一、操作步骤** **步骤一　手工更换变速器油** □ 1. 用压缩空气清洁发动机舱，举升车辆，并注意检查是否安全，如图 13-16 和图 13-17 所示。   □ 图 13-16　清洁发动机舱　　　　　　　　□ 图 13-17　举升车辆 □ 2. 检查自动变速器的油位，判断油量是否充足。拆下变速器放油螺栓与加油螺栓，如图 13-18 和图 13-19 所示。   □ 图 13-18　拆下变速器放油螺栓　　　　　□ 图 13-19　拆下加油螺栓 □ 3. 用油液收集器收集旧自动变速器油，如图 13-20 所示，并做以下检测：观察颜色是否变黑（见图 13-21）、闻油液是否有焦煳味、油液是否有颗粒物，如有以上现象，均需更换油液。

□ 图 13-20　收集旧自动变速器油

□ 图 13-21　发黑的自动变速器油

□ 4．按先中间向两侧的顺序对称地松开固定螺栓，拆下油底壳，如图 13-22 所示。

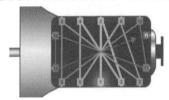

□ 图 13-22　拆下油底壳

注：图中数字表示拆卸顺序。

□ 5．清洁变速器壳与变速器油底壳体的密封面，如图 13-23 所示。

将外沿一圈清洁干净 ←

□ 图 13-23　清洁密封面

□ 6．安装新的配件（变速器油底壳），然后安装变速器放油螺栓，如图 13-24 和图 13-25 所示。

□ 图 13-24　变速器油底壳

□ 图 13-25　安装变速器放油螺栓

□ 7．手工加注新的变速器油。在变速器加油口（溢流口）加注变速器油，需要分两次加注，并检查变速器油的油量，主要是检查溢流口，如图 13-26 所示。

操作流程

□ （1）车辆静止，加注变速器油至溢流口流出一次。

□ （2）起动车辆后，先将自动变速器各挡位运转一次，再继续加注变速器油，直到变速器溢流口再流出一次。

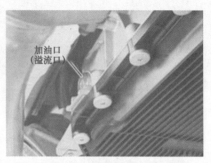

□ 图 13-26　变速器加油口（溢流口）

步骤二　用自动变速器换油机更换新变速器油

□ 1. 松开变速器散热器进出油管，起动发动机并注意观察变速器油的流出口，即为散热器进油管，从而找到变速器进出油口，如图 13-27 和图 13-28 所示。

□ 图 13-27　松开散热器进出油管

□ 图 13-28　起动发动机后观察出油口

□ 2. 使用加注适配接头连接换油机进出口和散热器进出油管口，使用换油机加注变速器油，如图 13-29 和图 13-30 所示。

□ 3. 现将换油机加注足够量的变速器油，打开换油机，调整气压及换油机和变速器油之间油的流量。

□ 图 13-29　连接换油机

□ 图 13-30　连接散热器油管

操作流程

操作流程	□ 4．使用换油机循环加注，在两个观察油管中看到的新、旧油颜色相差不大时，停止加注，如图 13-31 和图 13-32 所示。   □ 图 13-31　新、旧油颜色对比　　□ 图 13-32　新、旧油颜色相差不大时停止加注 □ 5．更换完毕，将换油机与车辆断开，将车辆油管安装完毕，利用清洗剂与软布清洗换油时所遗留的油污。 □ 6．变速器油液检查。 □（1）拆下变速器加油口（溢流观察），如图 13-33 所示，如有少量油流出（油细流），说明油液液位正常。如果油液粗流，说明变速器油加注过多，需要放出一些，放到溢流口中油液细流时方可。 □（2）起动发动机后，将各挡位运转一遍，再加注变速器油，直到变速器加油口（溢流观察），有少量油流出（油细流）即可，如图 13-33 所示。  □ 图 13-33　加油口 □ 7．试车，然后再次检查变速器油液位。 □ 8．6S 整理，全车部件复原安装到位。

操作流程	**二、注意事项**	
	□ 1．注意检查车辆举升是否安全。	
	□ 2．更换变速器油时，注意对身体、面部、眼睛的防护。	
	□ 3．注意新配件型号的检查，并进行新、旧配件外观的对比。	
	□ 4．热车换油时，注意不要烫伤自己。	
	□ 5．安装变速器时需要对部件进行清洁。	
	三、技术要求	
	□ 1．根据维修手册，确定螺栓的安装位置和拧紧力矩大小。	
	□ 2．按照手动加油或换油机的规范流程进行操作。	
	□ 3．螺栓拆装应查询维修手册，变速器油底壳螺栓与加油螺栓、放油螺栓拆卸后需要更换。	
质检验收	□ 起动发动机，检查发动机是否抖动。	是 □ 否 □
	□ 同客户试车确认。	是 □ 否 □
	□ 检查仪表是否有报警。	是 □ 否 □
	□ 与实训工单，对应检查项目的完成情况。	是 □ 否 □
	□ 检查工具、设备是否有遗漏在车上。	是 □ 否 □
检查与评估		
6S管理规范（教师点评）	□ 整理　□ 整顿　□ 清扫　□ 清洁　□ 素养　□ 安全	
成绩评定（学生总结）	小组对本人的评定：□ 优　□ 良　□ 及格　□ 不及格	
	学生本次任务成绩：□ 优　□ 良　□ 及格　□ 不及格	

专业考核评分表——更换 BMW 变速器油

班级：		组别：	组长：	日期：		
技术标准：1. 自动变速器油的更换流程；2. 换油机使用方法；3. 加注变速器油量的检测方法						
序号	作业项目	考核内容	考核标准	分值	扣分	得分
1	准备工作	正确选用工具	选错1次扣1分	5		
2		正确使用工具	用错1次扣1分	5		
3		车内车外防护工作	没有防护扣5分	5		
4	自动变速器油更换（换油机加注）	找到自动变速器进出油口	自动变速器进出油口判断不正确扣10分	10		
5		使用加注适配接头连接换油机	选择不正确及连接错误1处扣5分	10		
6		换油机中加注新油	未加注新油扣5分	5		
7		打开换油机，调整气压及变速器油更换流量	未调整或调整不正确的扣5分	15		
8		观察油管的新、旧油颜色，判断更换油量	不能判断的或未初步检漏扣5分；自动变速器油洒在周围扣5分	15		
9	检查验收	自动变速器油加注检查	更换完成后没有每个挡位试一遍，1处扣5分	10		
10		检查变速器油的量	不符合加注量，需补充新油	10		
11	项目实训时间		0～25min　　　　10分 >25～35min　　　　7分 > 35min　　　　0分	10		
质检员：		评分员：		合计得分		
教师点评： 团队合作：优秀 □ 良好 □ 及格 □　　分工明确：优秀 □ 良好 □ 及格 □ 专业标准：优秀 □ 良好 □ 及格 □　　操作规范：优秀 □ 良好 □ 及格 □						
教师签字：				年　月　日		

注：实训未按规范操作，导致出现设备损坏或人身伤害，本次考核记0分。

实训项目十四 — BMW 电源管理系统维护

任务一 BMW 电源管理系统认知

班级：	组别：	姓名：	掌握程度： □优　□良　□及格　□不及格

一、工作任务

1. 了解 BMW 电源管理系统的作用、组成及控制过程。
2. 理解 BMW 安全型蓄电池的组成及原理。
3. 掌握 BMW 电源管理系统检查与保养方法。

二、任务认知

1. BMW 电源管理系统

（1）作用。电源管理系统用于确保 BMW 车辆内的能量平衡，即车辆内部发动机、发电机、蓄电池和能量消耗设备之间的能量平衡，保证_____处于良好的技术状态，保证_____正常工作，保证_____始终处于良好的工作状态。

（2）BMW 电源管理系统的主要零部件如图 14-1 所示。其主要由发动机、发电机、安装于蓄电池负极的智能型蓄电池传感器（有的车型没有）、蓄电池、智能接线盒（或电源模块、微电源模块）、用电设备、发动机管理系统组成。

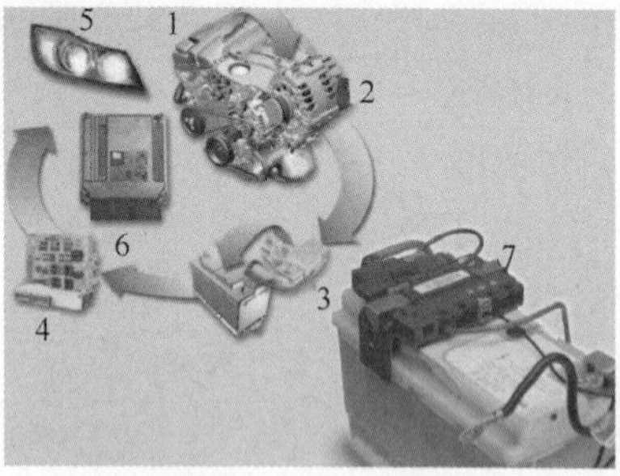

填写图 14-1 所示的电源管理系统的标号名称及作用。

1的名称及作用为 _____；

2的名称及作用为 _____；

3的名称及作用为 _____；

4的名称及作用为 _____；

5的名称及作用为 _____；

6的名称及作用为 _____；

7的名称及作用为 _____。

图 14-1　BMW 电源管理系统主要零部件

（3）电源管理系统的控制过程（见图 14-2）。

电源管理系统可以控制电能的_____，优化起动发电机的电能供给。如果普通电源系统的汽车长期停驶，则汽车蓄电池会因电器的休眠电流（如_____）而将电流耗尽，使得没有足够的_____来供起动发动机使用。而 BMW 智能化的电源管理系统负责电能的_____，可以使本车的起动性能和蓄电池的_____有明显的改善和提高。BMW 电池管理系统具有以下控制过程，如图 14-2 所示。

① 蓄电池诊断：电池管理系统可持续地测定汽车蓄电池_____。蓄电池传感器掌

握着蓄电池_____、电流和温度等数据，由此来测定蓄电池当前的充电状态和功率。

② 休眠电流管理：在汽车停放期间降低_____消耗。在点火开关已关闭的情况下，电池管理系统可控制对各种不同电器的_____供给。此时要参考蓄电池诊断给出的_____。根据蓄电池的充电状态，会逐渐关闭某个电器，以免蓄电池大量放电，由此保持汽车的_____性能。

③ 动态电源管理：在汽车行驶期间，动态电源管理将发电机产生的电流按_____分配给不同的电器。当发电机产生的电流超过电器_____需要时，它便会进行_____处理，向蓄电池供电，使其达到最佳充电状态。

图 14-2　电池管理系统的控制过程

2．BMW 安全型蓄电池主要组成结构及原理

（1）安全型蓄电池的作用及组成

在发生事故时，多功能乘员保护系统给安全型蓄电池接线柱一个引爆信号，通过引爆切断起动机电路和发电机电路，将发生短路和由燃油引起的燃烧爆炸的危险降至最低。

BMW 安全型蓄电池主要由安全型蓄电池接线柱、智能型蓄电池传感器及蓄电池导线监控 3 部分组成。

（2）BMW 安全型蓄电池接线柱，如图 14-3 所示。

请填写各标号的名称：1_____；2_____；3_____；
4_____；5_____；6_____；7_____；8_____。

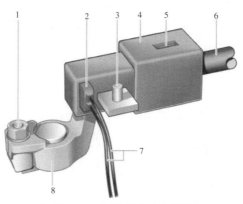

图 14-3　安全型蓄电池接线柱

（3）智能型蓄电池传感器（IBS）的安装位置及结构如图 14-4 和图 14-5 所示。

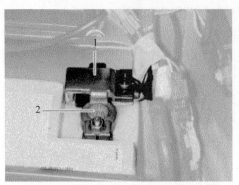

1—智能型蓄电池传感器；2—蓄电池负极

图 14-4　智能型蓄电池传感器安装位置

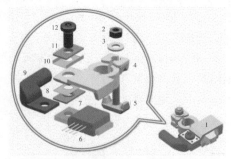

1—带IBS的蓄电池负极总线端；2—螺母；3—平垫圈；
4—蓄电池负极总线端部件；5—螺栓；6—电子装置模块；
7—压板；8—绝缘块；9—蓄电池负极导线的叉形电缆接头；
10—绝缘块；11—压板；12—带星形头的螺栓

图 14-5　智能型蓄电池传感器结构

机电一体化的智能型蓄电池传感器，带专用的微处理器，此微处理器是电子模块的组成部分。IBS 固定在蓄电池的负极。智能型蓄电池传感器可以通过 CAN 总线与车辆其他控制单元进行信息交流。

智能型蓄电池传感器用于分析蓄电池_____，它安装在蓄电池负极接线柱上。智能型蓄电池传感器定期（_____）测量下列值：蓄电池_____；充电_____；放电_____；蓄电池电解液的_____。

（4）蓄电池导线的监控

如图 14-6 所示，BMW 车辆对蓄电池导线 （蓄电池正极到起动机的导线）进行监控。受到监控的蓄电池导线的两端都有传感器导线，传感器导线与监控屏蔽层相_____。传感器导线可以监控蓄电池导线是否_____或对正极短路，由被动安全系统及高级安全电子系统对这些信息进行监控。

（5）安全防护原理

如图 14-7 所示，在发生交通事故时，智能型蓄电池传感器获知蓄电池导线绝缘严重下降并漏电或主线有严重_____，并产生控制信号，通过控制线引爆安全型蓄电池接线柱内部的_____材料，时间约为_____ms，蓄电池正极连接器就会被切断，同时在爆炸力作用下向前推，切断起动机电路和发电机电路。切断电路后，卡爪挡住蓄电池导线的凸缘，防止其重新_____。切断电路的整个过程需要的时间约为_____ms。

1—传感器；2—受监控导线

图 14-6　蓄电池导线控制传感器

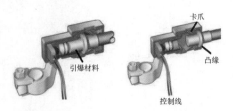

图 14-7　安全型蓄电池安全防护装置

□ 案例分享 □

━━━━━━━●━━━━━ 【故障现象】 ━━━━━●━━━━━

一辆行驶里程约 12 万 km 的 BMW525Li 轿车。车主反映早上开车时，突然发现蓄电池亏电报警，且车辆无法起动。

━━━━━━━●━━━━━ 【故障诊断】 ━━━━━●━━━━━

1. 车辆拖到维修站后，维修人员尝试起动车辆，但是没能成功，车辆有蓄电池亏电报警。

2. 使用故障诊断仪进行检测，并无故障码存在。为蓄电池充电后，车辆可以正常起动，在关闭发动机的时候，发现车辆传出了"呜呜"的声音，经判断应该是水泵还在工作所发出的声音。

3. 维修人员怀疑该车的故障原因可能有以下几点：车辆存在改装或者加装设备；水泵自身有故障；线路有故障（短路或虚接）；车辆系统软件版本问题。

4. 维修人员首先测量车辆的休眠电流为 13A，已经远远超出标准。经初步查看，车辆没有加装或改装的情况。车辆水泵一直在工作是不正常的，所以怀疑水泵内部有短路情况。断开水泵插接器后，休眠电流有所下降，但还是处于不正常状态，所以怀疑还有别的用电器在工作。维修人员接着对水泵进行进一步检测，在故障出现时，测量车辆信号，发现是 DME 控制水泵工作。关闭点火开关后，正常为无电压，但现在车辆有电，所以需要先检查为什么会有电。正常车辆关闭点火开关后，DME 是不供电的，但测量故障车后发现，供电单元（PDM）的 5 号、6 号和 1 号端子的休眠电压为 12V，而正常应为 0V，所以怀疑继电器内部故障。因为 PDM 的异常工作，导致车辆休眠后水泵工作，可调式气门控制（VVT）电动机发热，DME 也被供电，导致车辆无法正常休眠，致使车辆亏电，最终无法起动车辆。

━━━━━━━●━━━━━ 【故障排除】 ━━━━━●━━━━━

更换新的供电单元（PDM）后，车辆休眠电流正常，故障排除。

━━━━━━━●━━━━━ 【故障原因】 ━━━━━●━━━━━

这是一例因为蓄电池没有匹配而造成的故障。

━━━━━━━●━━━━━ 【案例总结】 ━━━━━●━━━━━

BMW 车很多配件在更换后，是需要做匹配或基本设置工作的，否则无法工作或不正常运行。本案例是更换蓄电池后未做匹配，使蓄电池长时间工作无法断电，最终出现亏电。

任务二　BMW AGM 型蓄电池的更换与匹配

_____学时

班级：	组别：	学员：	掌握程度： □优　□良　□及格　□不及格
实训目的	掌握 AGM 蓄电池更换与匹配的方法和步骤。			
安全注意 事项	注意设备及个人安全，规范操作。			
教学组织	每辆车按 6 位学员作业（组长 1 人、主修 1 人、辅修 1 人、观察员 1 人、评分 1 人，质检 1 人）循环操作。			
操作步骤 演示	拆卸流程　操作流程 微课　蓄电池拆装及复位（一） 微课　蓄电池拆装及复位（二）			
任务	作业记录内容　☑ 正确　☒ 错误			
前期准备	□ 1. 护具——整车防护七件套（车外三件套——前翼子板垫/左右翼子板垫，车内四件套——转向盘套/脚垫/座椅套/变速器操作杆套），如图14-8和图14-9所示。 前翼子板垫　左右翼子板垫 □ 图 14-8　车外三件套 转向盘套　座椅套　脚垫　变速器操作杆套 □ 图 14-9　车内四件套			

前期准备	□ 2．工具——车辆（以 BMW525Li 为例）、世达工具、故障诊断仪（见图 14-10）、蓄电池检测仪、万用表等。 □ 3．耗材——清洗剂、软布（元器件拆装、检测及实训结束 6S 实施时均可用到）等，如图 14-11、图 14-12 所示。 □ 图 14-10　故障诊断仪　　□ 图 14-11　清洗剂　　□ 图 14-12　软布
安全检查	□ 1．检查车辆驻车制动器是否处于制动状态，变速器挡位是否处于空挡位置。 □ 2．在车辆前后放置车轮挡块。 □ 3．使用车辆或实训台架前，检查车辆或台架周围是否安全。 注意：举升过程中若有异常或异响，应立即停止当前作业并及时向老师汇报，不得擅自处理。
防护工作	人身防护如图 14-13 所示。车身防护如图 14-14 所示。车内防护如图 14-15 所示。 注意：安全防护要到位。 □ 图 14-13　人身防护　　□ 图 14-14　车身防护　　□ 图 14-15　车内防护
操作流程	**一、操作步骤** **步骤一　车辆准备** □ 1．找到蓄电池的位置，检查蓄电池接线柱是否松动，一定要观看车辆蓄电池壳体上使用的安全提示。 □ 2．检查车辆中的原装蓄电池（蓄电池参数和型号），并注意更换蓄电池的提示。 □ 3．找到蓄电池导线负极，如图 14-16 所示。

操作流程	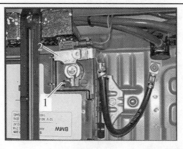  1—锁紧螺栓；2—连接线 □ 图 14-16　蓄电池负极导线 □ 4．将蓄电池负极导线连同 IBS（有的无 IBS）一起向上拔下，置于一侧并固定，如图 14-17 所示。   1—接线柱；2—连接线；3—蓄电池负极接柱；4—搭铁线 □ 图 14-17　拆卸负极导线 **步骤二　蓄电池检测** □ 1．检查蓄电池的外观，外壳是否鼓包，极柱是否过脏，是否有破裂。 □ 2．检查蓄电池液面高度。 □ 3．用万用表检查蓄电池电压，在 12.6V 以上为正常。 □ 4．用蓄电池检测仪检测蓄电池存电量、寿命、内阻大小、最大起动电流。 **步骤三　取出旧蓄电池** □ 1．掀开盖板 1 并松开下面的螺母 2，向上取出蓄电池连接线 3 并置于一边固定，如图 14-18 所示。  1—带 IBS 的盖板；2—锁紧螺母；3—连接线 □ 图 14-18　取下蓄电池连接线

操作流程	□ 2．松开螺母 1，拆下支架 2，松开排气软管 3，向上取出蓄电池防振垫 4，如图 14-19 所示。 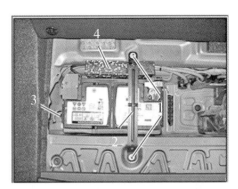 1—螺母；2—支架；3—排气软管；4—防振垫 □ 图 14-19　拆卸蓄电池附件 □ 3．如图 14-20 所示，判断检查排气管道向外敷设及安装是否正确（如有异常要提前处理，否则，拆卸蓄电池时，如果排气管老化就会很容易断裂），并从蓄电池侧取下排气管。图 14-20（a）所示为错误的安装，图 14-20（b）所示为正确的安装。 □ 4．松开螺栓 1，并取下支架 2，拆下蓄电池，如图 14-21 所示。安装说明：注意蓄电池在定位件中的正确位置。 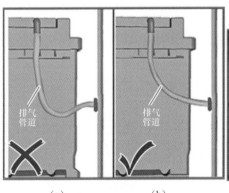  （a）　　　　　（b）　　　　　1—螺栓；2—支架 □ 图 14-20　检查排气管道　　□ 图 14-21　取出旧蓄电池 **步骤四　蓄电池的匹配** □ 1．检查新蓄电池型号是否与原车统一，并按照与拆卸蓄电池相反的顺序，安装新蓄电池。新蓄电池安装后，按照维修手册规定的扭矩紧固锁紧螺栓，并检查连接是否牢固。 □ 2．连接故障诊断仪与车辆诊断口，打开点火开关，打开故障诊断仪自动

读取 VIN 后，确定车辆信息正确后，选择"是"。

□ 3. 单击"车辆处理"，单击"服务功能"和"供电"，进入蓄电池系统，如图 14-22 所示。

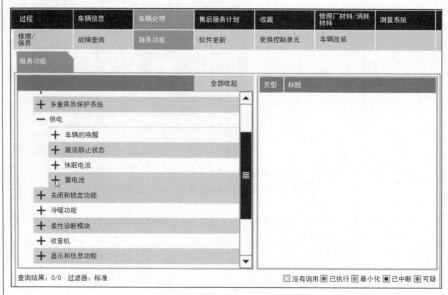

操作流程

□ 图 14-22　进入蓄电池系统

□ 4. 单击"蓄电池"后，等待一段时间，进入图 14-23 所示界面，单击"记录蓄电池更换"，并单击"继续"按钮。

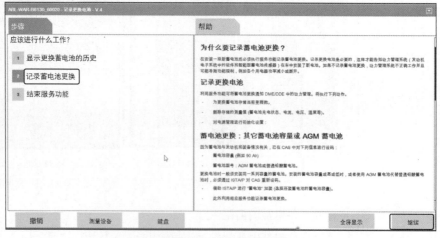

□ 图 14-23　蓄电池更换记录

□ 5. 选择图 14-24 所示界面中的"1 记录蓄电池更换情况：相同的容量"，并单击"继续"按钮。

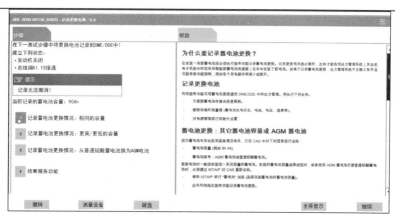

□ 图 14-24　蓄电池容量检查

□ 6．根据界面中"帮助"显示的信息，获取原来蓄电池的标签，如果新蓄电池信息与原来蓄电池的相同，单击"是"，再单击"继续"按钮，如图 14-25 所示。

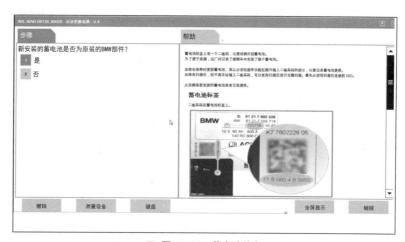

□ 图 14-25　蓄电池信息

□ 7．如更换同类型、同容量的电池，则可输入新蓄电池上的电极编码，如图 14-26 所示。

□ 图 14-26　输入电极编码

□ 8. 单击"继续"按钮，等待 20s，如图 14-27 所示。

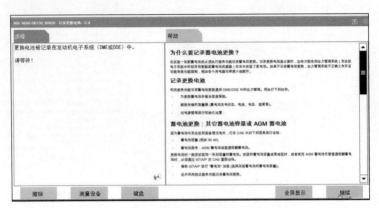

□ 图 14-27　蓄电池匹配中

□ 9. 单击"继续"按钮后，可以看出更换蓄电池的次数及使用后的距离，如图 14-28 所示。

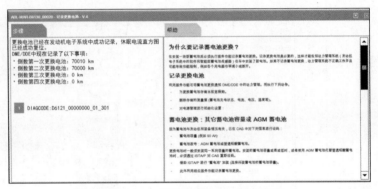

□ 图 14-28　蓄电池更换次数及使用情况

□ 10. 记录成功后，在车辆中设置蓄电池更换的日期和时间，如图 14-29 所示。

□ 图 14-29　设置蓄电池更换的日期和时间

操作流程

操作流程	□ 11．单击"继续"按钮，蓄电池更换服务结束，如图 14-30 所示。 □ 图 14-30　服务功能结束 □ 12．起动发动机，检查蓄电池能否正常使用。 □ 13．6S 整理，全车部件复原安装到位。 **二、注意事项** □ 1．注意车辆举升安全检查。 □ 2．匹配过程中应保证电压充足。 □ 3．注意新配件检查，并进行新、旧配件对比。 □ 4．注意故障诊断仪不能直接取下。 □ 5．注意安装前的清洁。 □ 6．注意个人防护与 6S 整洁。 **三、技术要求** □ 1．根据维修手册，确定蓄电池紧固螺栓的安装位置、力矩。 □ 2．规范使用故障诊断仪，掌握正确的匹配新蓄电池流程。 □ 3．规范运用蓄电池检测仪并能分析判断蓄电池的使用性能。 □ 4．准备工作一定注意四到位：防护到位，工具到位，设备到位，耗材到位。
质检验收	□ 起动发动机，检查发动机是否抖动。　　　　　是 □　否 □ □ 同客户试车确认。　　　　　　　　　　　　　是 □　否 □ □ 检查仪表是否有报警。　　　　　　　　　　　是 □　否 □ □ 与实训工单对照检查项目的完成情况。　　　　是 □　否 □ □ 检查工具、设备是否有遗漏在车上。　　　　　是 □　否 □
检查与评估	
6S 管理规范 （教师点评）	□ 整理　　□ 整顿　　□ 清扫　　□ 清洁　　□ 素养　　□ 安全
成绩评定 （学生总结）	小组对本人的评定：□ 优　□ 良　□ 及格　□ 不及格 学生本次任务成绩：□ 优　□ 良　□ 及格　□ 不及格

专业考核评分表——BMW AGM 型蓄电池的更换与匹配

班级：		组别：	组长：		日期：		

技术标准：1. 喷油嘴的拆装操作要求；2. 喷油嘴的匹配操作要求

序号	作业项目	考核内容	考核标准	分值	扣分	得分
1	准备环节	正确选用工具	选错 1 次扣 1 分	5		
2		正确使用工具	用错 1 次扣 1 分	5		
3	蓄电池检查及拆装环节	蓄电池外观检查及观看壳体使用说明	按照流程规范检查，错 1 次扣 2 分	5		
4		观察并记录蓄电池的型号及参数		5		
5		拆卸蓄电池负极		5		
6		蓄电池液面高度检查		5		
7		万用表检测蓄电池电压		5		
8		蓄电池检测仪检测		10		
9		蓄电池拆卸	按照拆装流程规范操作，错 1 次扣 2 分	10		
10		更换新蓄电池，按扭矩紧固锁紧螺栓		10		
11	蓄电池匹配环节	连接故障诊断仪，接入 BMW 专用故障诊断系统	按照流程规范操作，错 1 次扣 2 分	10		
12		按流程输入新蓄电池的电极编码并保存		10		
13		匹配成功		5		
14		试车检查		5		
15		项目实训时间	0～20min　5 分 >20～25min　3 分 >25min　0 分	5		

质检员：		评分员：		合计得分	

教师点评：

团队合作：优秀 □　良好 □　及格 □　　　　分工明确：优秀 □　良好 □　及格 □

专业标准：优秀 □　良好 □　及格 □　　　　操作规范：优秀 □　良好 □　及格 □

教师签字：　　　　　　　　　　　　　　　　　　　　　　　年　　月　　日

注：实训未按规范操作，导致出现设备损坏或人身伤害，本次考核记 0 分。

实训项目十五 —— BMW 灯光系统检测

任务一　BMW 灯光系统认知

_____学时

班级：	组别：	姓名：	掌握程度： □优　□良　□及格　□不及格

一、工作任务

1. 了解 BMW 自适应前照灯系统。

2. 掌握 BMW 灯光系统的组成及功能。

二、任务认知

1. BMW 自适应前照灯系统

（1）灯光自动控制。BMW 灯光自动控制系统功能被激活后，安装在后视镜外壳前面的传感器开始监控交通情况和环境照明。传感器内包含一台照相机，如图 15-1 所示，照相机拍摄的图像被反馈到一个电控评估系统里，由该系统分析前方的物体从而自动控制远光灯的开或闭。如果探测到前方或对面有车辆行驶,或周围光线充足,系统将自动_____前照灯。

图 15-1　传感器中的照相机

（2）近远光自动控制。在道路照明不佳的情况下，系统会在前方无车或对面无车驶来时，打开车辆的_____光灯；一旦对面或前方有车、道路本身的照明效果改善、车速_____，即远光灯不再有助于提高安全性时，系统将自动_____远光灯，如图 15-2、图 15-3 所示。

（3）BMW 自适应前照灯控制方法。启动 BMW 远光自动控制，只需将旋钮置于_____位置，照明控制单元便会将 BMW 远光辅助系统开启，无须再操作其他开关或控制单元。

备注：当处于近光灯状态时，需将变光灯拨杆推至_____光灯位置。仪表板上的一个指示灯将会_____，指示远光自动控制已启用。

该系统可以识别车辆前照灯和尾灯的状态，还能够识别道路环境照明情况，分析照明光源的亮度和颜色，从而模拟驾驶者手动使用远光灯的习惯。

图 15-2　自适应前照灯打开

图 15-3　前照灯自适应状态

2．BMW 激光前照灯与 LED 前照灯的对比

BMW 激光前照灯（见图 15-4）具有 LED 前照灯（见图 15-5）的大部分优点，如响应速度快、_____、_____、_____等，甚至在某些方面较 LED 前照灯更胜一筹，比如_____，仅有常规 LED 前照灯的_____，理论发光效率却要远高于 LED 前照灯_____，也就是说，两者达到相同照明效果时，激光前照灯_____，从而_____。同时，LED 前照灯存在发热的问题，因此需要非常复杂的_____，但激光前照灯的_____，冷却系统也变得相对简单。

图 15-4　激光前照灯

图 15-5　LED 前照灯

3．前照灯的结构

写出图 15-6 所示的前照灯结构中标号的名称。

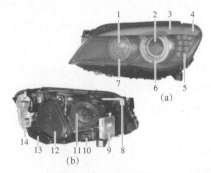

(a)

(b)

图 15-6　前照灯结构

1_____；2_____；3_____；4_____；
5_____；6_____；7_____；8_____；
9_____；10_____；11_____；12_____；
13_____；14_____。

4. 前照灯开关

写出图 15-7 所示的前照灯开关中各标号的名称及作用。

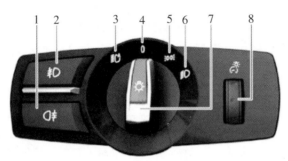

图 15-7　前照灯开关

1_____；2_____；3_____；4_____；
5_____；6_____；7_____；8_____。

5. BMW 尾灯系统

写出图 15-8 所示的尾灯结构中各标号的名称。

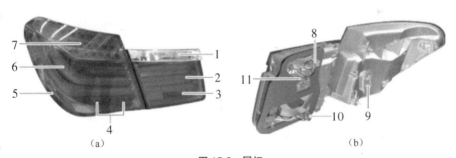

（a）　　　　　　　　　　　　　　（b）

图 15-8　尾灯

1_____；2_____；3_____；4_____；
5_____；6_____；7_____；8_____；
9_____；10_____；11_____。

—————————————————□ 案例分享 □—————————————————

●———————【故障现象】———————●

一辆 2014 年 BMW730，行驶里程为 15.7 万 km。因为该车年限比较久了，前照灯表面有划痕，车主想更换两前照灯总成。更换后发现车辆中央显示屏（CID）提示"自适应前照灯失灵",原地打转向盘发现左右两侧前照灯灯光不会随之左右移动。车主反映说,之前右侧前照灯灯光会动,左侧不会动(不正常),与钣金技师沟通得知此车只更换了前照灯总成件,但控制模块未更换。

●━━━ [故障诊断] ━━━●

1. 执行 ISTA 快速检测,得到故障码为:LM 灯光系统损坏;LM 与左侧自适应前照灯 LIN 线通信故障;LM 与右侧自适应前照灯 LIN 线通信故障。

2. 执行 ISTA 检测计划,检查左右两侧自适应前照灯供电、搭铁和 LIN 线是否正常。接通总线端 KI.15,在插头 X13420(见图 15-9)处测量引脚 1、2 间的电压为 12.26V(约等于车载电压),测量引脚 1、3 间的电压为 11.8V,在插头 X13421 处测量引脚 1、2 间的电压为 12.23V,测量引脚 1、3 间的电压为 11.6V。由于当时没有找到示波器,因此无法测量 LIN 线的波形图。

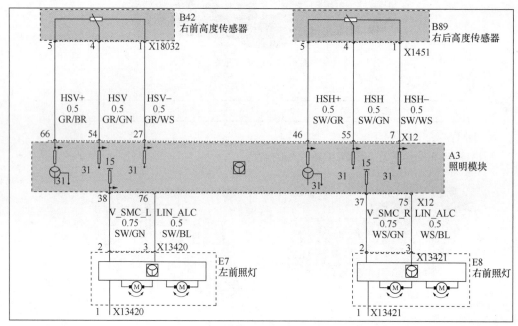

图 15-9　电路图

3. 前照灯是新换的,且故障诊断仪已明确第一步应检查线路,所以几乎可以排除前照灯内部同时损坏的情况。

4. 在拔掉插头 X13420 和 X13421 又重新插上时,可以明显听到随动前照灯电动机工作的声音,再结合所测量的电压值可以排除电动机供电、搭铁问题。

5. 由于 LIN 线正常电压接近于车载电压,所以为了进一步判定 LIN 线是否有问题,我们拆开 LM(照明模块),挑出插头 X12 里面的 76 号引脚,找一根相同的线直接跨接到插头 X13420 的 3 号引脚处(用隔离法排除 LIN 线中间出现异常的可能)。再次打开点火开关,清除故障码,故障依旧,再次使用故障诊断仪进行快测,故障码不变,由于没有找到示波器,但

· 176 ·

宝马车系整车检测实训工单(AR版)

车主比较急，将电压表并联到插头 X13420 的引脚 1、3 处测量 LIN 线电压是否会发生变化，发现电压有时会跳到高于 9V，因此可以判定是 LM 内部 LIN 信号输出不正常所致。

【故障排除】

恢复原车线路，更换 LM 模块后，清除故障码，给车辆 LM 单元编程设码，故障不再出现，转动转向盘，两前照灯灯光随之左右转动，多次测试无异常。

【故障原因】

根据电路图分析，当总线端 KI.15 接通，前照灯开关处于 AUTO 挡位时，在阴暗的环境下，车灯传感器、LM 通过一个 LIN 线来控制自适应前照灯灯光的左右摆动。由于两前照灯是新更换的，自适应前照灯电动机集成在前照灯壳体内部，两侧电动机同时损坏的概率很小，因此根据电路图分析，故障的可能原因有：LIN 线短路、断路，摆动电动机供电、搭铁异常，LM 模块本身问题；匹配问题；前照灯本身问题。

【案例总结】

检查汽车电气故障时，一定先看懂该车型电气设备的控制原理图，看清楚线路的走向，并能够很好地借助维修工具，这对维修可以达到事半功倍的效果。

任务二　更换 BMW 前照灯总成

_____学时

班级：	组别：	学员：	掌握程度： □优　□良　□及格　□不及格
实训目的	掌握 BMW 前照灯总成更换及自适应学习流程。		
安全注意 事项	注意设备及个人安全，规范操作。		
教学组织	每辆车按 6 位学员（组长 1 人、主修 1 人、辅修 1 人、观察员 1 人、评分 1 人、质检 1 人）作业，循环操作。		
操作步骤 演示	 拆卸流程 安装流程		微课 前照灯总成更换 （一） 微课 前照灯总成更换 （二）
任务	作业记录内容　☑ 正确　☒ 错误		
前期准备	□ 1. 护具——整车防护七件套（车外三件套——前翼子板垫/左右翼子板垫，车内四件套——转向盘套/脚垫/座椅套/变速器操作杆套），如图 15-10 和图 15-11 所示。 前翼子板垫　左右翼子板垫 □ 图 15-10　车外三件套 转向盘套　座椅套　脚垫　变速器操作杆套 □ 图 15-11　车内四件套		

前期准备	□ 2. 工具——车辆（以 BMW 320Li 为例）、故障诊断仪、世达工具等，如图 15-12 和图 15-13 所示。 □ 图 15-12　故障诊断仪　　　　　□ 图 15-13　世达工具 □ 3. 耗材——软布(元器件拆装、检测及实训结束 6S 实施时均可用到)、前照灯泡等，如图 5-14 和图 15-15 所示。 □ 图 15-14　软布　　　　　□ 图 15-15　前照灯泡
安全检查	□ 1. 检查车辆驻车制动器是否处于制动状态，变速器挡位是否处于空挡位置。 □ 2. 在车辆前后放置车轮挡块。
防护工作	人身防护如图 15-16 所示。车身防护如图 15-17 所示。车内防护如图 15-18 所示。 注意：安全防护要到位。 □ 图 15-16　人身防护　　□ 图 15-17　车身防护　　□ 图 15-18　车内防护
操作流程	**一、操作步骤** **步骤一　拆下前部保险杠饰件（对于配置前照灯清洗装置的车型）** □ 1. 拆卸左/右前照灯清洗装置盖板，如图 15-19 所示。

操作流程	□ （1）将喷嘴 1 从盖板 2 上拉出。 □ （2）在松开盖板 2 时，固定住喷嘴 1，松开盖板后让喷嘴慢慢滑回（有损坏危险）。 □ （3）将盖板 2 在侧面从喷嘴 1 上松开。 注意：安装时不得损坏盖板 2 上的导向装置，如图 15-20 所示。 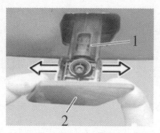 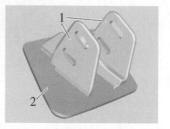 1—喷嘴；2—盖板　　　　　　　1—导向装置；2—盖板 □ 图 15-19　拆卸前照灯清洗装置盖板　　□ 图 15-20　导向装置 □ 2．松开保险杠饰件 2 上的螺栓 1，如图 15-21 所示。  1—螺栓；2—保险杠饰件 □ 图 15-21　松开螺栓 □ 3．松开轮罩盖 2 上的螺栓 1，取下侧面轮罩盖 2，如图 15-22 所示。操作以左侧为例说明，右侧的操作与左侧类似。 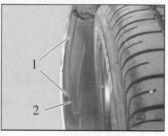 1—螺栓；2—轮罩盖 □ 图 15-22　松开轮罩盖螺栓

操作流程	□ 4．将轮罩盖 2 压向一侧，松开螺栓 1，如图 15-23 所示。 □ 5．松开发动机底部护板 2 的固定螺栓 1，如图 15-24 所示。 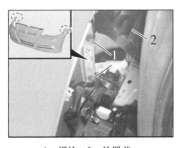 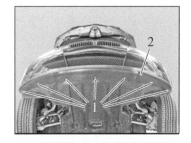 1—螺栓；2—轮罩盖　　　　　1—固定螺栓；2—发动机底部护板 □ 图 15-23　将轮罩盖压向一侧　　□ 图 15-24　拆卸发动机护板螺栓 □ 6．从侧面拔下保险杠饰件，将保险杠饰件略微向前拉，如有必要，脱开超声波传感器和前雾灯上的插头，在助手帮助下向前拆下保险杠饰件，如图 15-25 所示。说明：安装时的高度调整参见车身间隙尺寸。  □ 图 15-25　拆卸保险杠饰件 **步骤二　拆装前照灯清洗装置的高压喷嘴** □ 1．找到拆卸左/右前照灯清洗装置的高压喷嘴需要的工具。 □ 2．拆下喷嘴的盖板。 □ 3．拆下前部轮罩盖板。 □ 4．为了避免过量的清洗液溅出，将高压管路的末端用专用工具（133010）封闭，如图 15-26 所示。如有必要，收集溢出的清洗液。 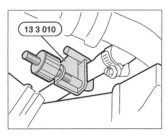 □ 图 15-26　专用工具

	□ 5. 沿箭头方向松开卡子 1，将高压喷嘴 2 向后从前照灯臂 3 中抽出。松开高压喷嘴 2 上的插头连接，将高压喷嘴 2 从高压管路上拔下，如图 15-27 所示（提示：为使图示更清楚，保险杠饰板已拆下）。
	□ 6. 检查并安装高压喷嘴。注意：保证高压喷嘴的插头连接和高压管路洁净且无油脂；检查导向装置 2（见图 15-28）的位置是否正确，安装时必须能听到固定凸耳 1 嵌入的声音；进行功能检查。
操作流程	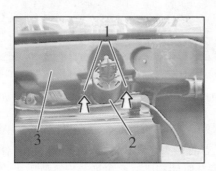  1—卡子；2—高压喷嘴；3—前照灯臂 1—固定凸耳；2—导向装置 □ 图 15-27 拆卸高压喷嘴 □ 图 15-28 高压喷嘴 □ 7. 重新安装时，可用尖嘴钳小心地进行调整（如有必要，将前部用固定胶带封住），还可添加清洗液。 **步骤三 更换前照灯总成** □ 1. 松开前照灯臂 2 的螺栓 1（从轮罩盖侧），如图 15-29 所示。  1—螺栓；2—前照灯臂 □ 图 15-29 松开螺栓 □ 2. 松开螺栓 1，将电线束固定件 3 从前照灯臂上松开，将高压管路和电线束从前照灯臂中抽出，将前照灯 4 略微拉出并脱开相应的插头连接。沿箭头方向拆下前照灯 4，如图 15-30 所示。 □ 3. 如图 15-31 所示，松开螺栓 1，并将前照灯臂 2 从前照灯上拆下，然后拆下氙气灯的引弧装置灯泡，拆下氙气灯控制单元。

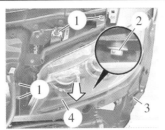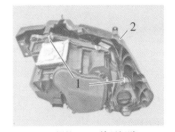

1—螺栓；2—固定螺栓；3—电线束固定件；4—前照灯　　　　1—螺栓；2—前照灯臂

□ 图 15-30　拆下前照灯　　　　　□ 图 15-31　拆下氙气灯控制单元

□ 4. 根据旧前照灯泡的型号及外观，选择新前照灯泡，并安装好，如图 15-32、图 15-33 所示。

□ 图 15-32　新、旧灯泡比较　　　　　□ 图 15-33　安装新灯泡

□ 5. 打开前照灯检查是否正常，如图 15-34 所示。

□ 图 15-34　检查前照灯工作

二、注意事项

□ 1. 各步骤要按照规范的流程操作。

□ 2. 注意人身防护和车身防护。

□ 3. 注意新配件型号检查，并进行新、旧配件外观对比。

□ 4. 实训结束要对实训场所进行清洁、打扫。

三、技术要求

□ 1. 根据维修手册的标注，确定螺栓的安装位置及力矩大小。

□ 2. 前照灯更换中不要误拆其他设备。

操作流程	☐ 3．按照 6S 管理规范，注意不要遗落螺栓、配件和工具等。 ☐ 4．一定注意四到位：防护到位，工具到位，设备到位，耗材到位。 ☐ 5．注意个人防护与实训场地的整洁。		
质检验收	☐ 打开前照灯，检测灯是否亮，打开前照灯清洗装置，观察是否正常。		是 ☐ 否 ☐
	☐ 同客户试车确认。		是 ☐ 否 ☐
	☐ 检查仪表是否有报警。		是 ☐ 否 ☐
	☐ 与实训工单对照检查项目的完成情况。		是 ☐ 否 ☐
	☐ 检查工具、设备是否遗漏在车上。		是 ☐ 否 ☐
检查与评估			
6S 管理规范 （教师点评）	☐ 整理　☐ 整顿　☐ 清扫　☐ 清洁　☐ 素养　☐ 安全		
成绩评定 （学生总结）	小组对本人的评定：☐ 优　☐ 良　☐ 及格　☐ 不及格 学生本次任务成绩：☐ 优　☐ 良　☐ 及格　☐ 不及格		

专业考评分表——更换 BMW 前照灯总成

班级：		组别：	组长：		日期：	

技术标准：1. 前照灯更换流程；2. 前照灯更换的技术要求

序号	作业项目	考核内容	考核标准	分值	扣分	得分
1	准备环节	正确选用工具	选错 1 次扣 1 分	5		
2		正确使用工具	用错 1 次扣 1 分	5		
3	拆下前部保险杠饰件	拆下左/右前照灯清洗装置的盖板	按照流程规范操作，错 1 次扣 2 分	20		
4		松开保险杠饰件上的螺栓				
5		松开轮罩盖上的螺栓				
6		松开发动机底部护板的螺栓		20		
7		从侧面拔下保险杠饰件				
8	拆装前照灯清洗装置的高压喷嘴	找到前照灯清洗装置高压喷嘴的专用工具		20		
9		拆下高压喷嘴的盖板和前部轮罩盖板				
10		封闭高压管路末端				
11		拆下高压喷嘴				
12		检查并安装高压喷嘴				
13	更换前照灯总成	拆下前照灯	按照流程规范操作，错 1 次扣 2 分	20		
14		更换前照灯泡				
15		检查				
16	项目实训时间	0～10min　　　10 分 >10～15min　　5 分 >15min　　　　0 分		10		

质检员：		评分员：		合计得分	

教师点评：

团队合作：优秀 □　良好 □　及格□　　　　分工明确：优秀 □　良好 □　及格 □

专业标准：优秀 □　良好 □　及格□　　　　操作规范：优秀 □　良好 □　及格 □

教师签字：	年　　月　　日

注：实训未按规范操作，导致出现设备损坏或人身伤害，本次考核记 0 分。

实训项目十六 — BMW 常见辅助电气设备维护

任务一　BMW 部分辅助电气设备认知

_____学时

班级：	组别：	姓名：	掌握程度： □优　□良　□及格　□不及格

一、工作任务

1．了解电动车窗玻璃升降系统的组成。

2．熟悉电动车窗玻璃升降系统的控制原理。

3．掌握电动车窗升降机初始化设置方法。

二、任务认知

1．BMW 部分辅助电气设备

为满足乘员的不同需求，BMW 汽车辅助电气设备主要有舒适、娱乐、保障安全等方面的功能，如电动刮水器、风窗清洗装置、电动＿＿＿＿、电动后视镜、电动座椅、汽车＿＿＿＿系统等。

2．BMW 电动车窗玻璃升降系统

（1）所有电动车窗玻璃升降机均可通过驾驶员侧车门中的开关组操作。电动车窗玻璃升降机由不同的控制单元进行控制。

（2）组成：电动车窗玻璃升降系统主要包括驾驶员侧车门开关组件、前车门车窗玻璃升降器＿＿＿＿＿＿、后车门车窗玻璃升降器＿＿＿＿＿＿、便捷登车及起动系统（CAS）、脚部空间模块（FRM）、接线盒电子装置（JBE）等（见图16-1）。

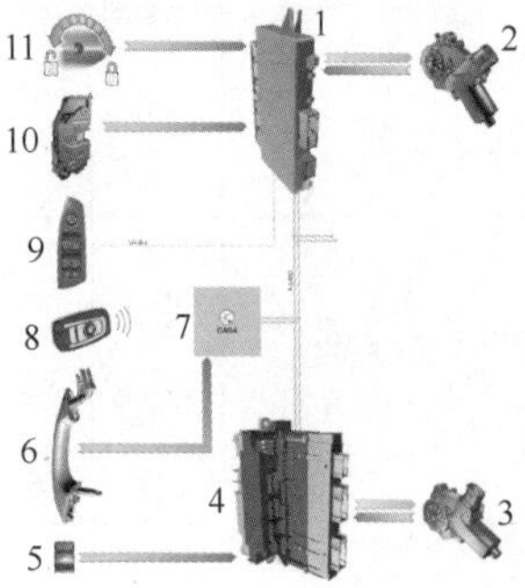

1—脚部空间模块（FRM）；
2—前车门车窗玻璃升降器电动机；
3—后车门车窗玻璃升降器电动机；
4—接线盒电子装置（JBE）；
5—驾驶员侧后车门/前乘客侧前后车门车窗玻璃升降器开关；
6—使用舒适登车系统（CA）时的车门外侧拉手；
7—便捷登车及起动系统（CAS）；
8—识别发射器；
9—驾驶员侧车门开关组件；
10—带有车门触点的车门锁；
11—驾驶员车门锁芯；
K-CAN—车身控制器区域网络；
LIN-Bus—局域互联网总线

图 16-1　电动车窗玻璃升降系统组成

① 驾驶员侧车门开关组（见图16-2）。通过操作驾驶员侧车门开关组可以实现＿＿＿＿＿＿车窗玻璃升降机功能。通过＿＿＿＿＿＿＿＿总线将信号发送给脚部空间模块（FRM）。

填写图16-2中标号的名称。

1 为外后视镜调节开关；2 为左或右外后视镜的转换开关；3 为＿＿＿＿＿＿＿＿＿＿＿＿；4 为＿＿＿＿＿＿＿＿＿＿＿＿；5 为遮阳卷帘按钮；6 为带功能照明灯的儿童锁开关；7

为_____；8为_____；9为外后视镜折叠按钮（仅限高版本外后视镜）。

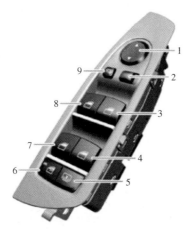

图16-2　驾驶员侧车门开关组

② 车窗玻璃升降机开关（见图 16-3）。前乘客侧车门和后车门分别装备有_____车窗玻璃升降机开关，将各自的信号直接发送给_____。

（a）不带电动窗帘

（b）带电动窗帘

图16-3　车窗玻璃升降机开关

填写图16-3中各标号的名称。
1为_____；
2为_____；
3为_____；
4为_____；
5为_____；
6为_____。

③ 车窗玻璃升降机驱动装置（见图16-4和图16-5）。在每个车门中都有一个用于驱动车窗玻璃升降机的直流电动机。在每个车窗玻璃升降电动机上都有一个霍尔传感器。由此能够确定旋转_____、速度和位置，车窗玻璃升降电动机根据车窗位置和操作以不同的速度运转。

图 16-4　车窗玻璃升降机驱动装置

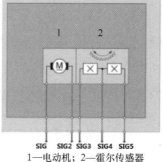

SIG	调整电动机的控制（正极信号）
SIG2	调整电动机的控制（负极信号）
SIG3	霍尔传感器1的信号线
SIG4	总线端KL. 31，搭铁
SIG5	霍尔传感器2的信号线

1—电动机；2—霍尔传感器

图 16-5　车窗玻璃升降机驱动装置电路

宝马车系整车检测实训工单（AR版）

④ CAS 系统（便捷进入及起动系统）：CAS 通过通信线与_____和_____连接。CAS 负责电动车窗玻璃升降机的便捷功能，由 CAS 将控制电动车窗玻璃升降机的所有信号作为信息经由总线发送。

⑤ FRM：处理来自驾驶员侧车门开关组的信号。FRM 通过局域互联网总线与驾驶员侧车门开关组连接。FRM 控制_____电动车窗玻璃升降机，FRM 通过通信线与 CAS 和 JBE 连接。

⑥ JBE：JBE 处理后车门车窗玻璃升降机开关以及前乘客侧车门车窗玻璃升降机开关的信号，JBE 控制_____电动车窗玻璃升降机。

（3）主要系统功能

① 便捷开启或关闭功能：由 CAS 控制，CAS 通过通信线发送便捷开启或关闭信号。该信号通过主钥匙或驾驶员侧车门的锁芯_____。

② 点动功能。使用点动功能开启和关闭车窗玻璃时，车窗玻璃升降机以较高的速度运转，为确保安全关闭侧窗玻璃，上极限位置的车窗玻璃升降电动机快速进入_____状态（机械极限位置）。

③ 紧急关闭。该功能用于有目的地关闭具有防夹功能的侧窗玻璃。遇到外部攻击时或侧窗玻璃凝露时可能需要使用此功能，为此必须用力拉起并拉住车窗玻璃升降机开关，当松开拉起的车窗玻璃升降机开关时，将中断此功能。紧急关闭功能可在车速不超过_____km/h 时激活。

④ 紧急报警模式。该模式需在事先执行过紧急关闭后才能触发。在_____s 内松开并重新按下车窗玻璃升降机开关后，这时侧窗玻璃以最大闭合力和速度关闭，侧窗玻璃在防夹功能未启用的情况下关闭。锁止时，车窗玻璃升降电动机是继续通电的，直到过热保护_____。

⑤ 儿童保护装置。即锁止后门车窗玻璃升降机开关。该功能可以通过驾驶员侧车门_____激活或关闭。儿童保护装置激活时，按钮中的功能发光二极管_____（亮或不亮）。在碰撞模式中儿童锁退出工作。

⑥ 重复断电机构。为了避免车窗玻璃升降电动机过热，电动机都具有一个重复断电机构。车窗玻璃升降电动机的运行时间被限制，电动机关闭一段时间。重复断电机构至少允许 5 次完整的车窗玻璃移动过程（打开/关闭）。允许的最后一次移动肯定是_____过程。

⑦ 防夹功能。该功能可在车窗沿关闭方向移动的整个过程中激活。防夹功能不是彻底避免夹住，而是限制最大允许的夹紧力。关闭过程的机械力随着环境温度和老化情况而改变。

◻ 案例分享 ◻

【故障现象】

一辆行驶里程约为 18 万 km、搭载 N46 发动机的 2010 年宝马 E90 320i 轿车。车主反映：该车驾驶员侧车窗玻璃升降开关失灵。

· 188 ·

● 【故障诊断】 ●

维修人员试车发现，从驾驶员侧无法控制车窗，也不能调节车外后视镜。观察控制开关，发现乘客禁止操作开关的指示灯不亮。长按遥控钥匙上的开锁或闭锁键时，车窗可以正常打开和关闭。

查阅资料得知，该车驾驶员侧车窗玻璃升降开关由电源端供电，控制信号通过 LIN 总线送到前部电气控制单元 FRM，如图 16-6 所示。前部车窗玻璃升降机由 FRM 控制，后部车窗玻璃升降机由接线盒控制单元（JB）控制。

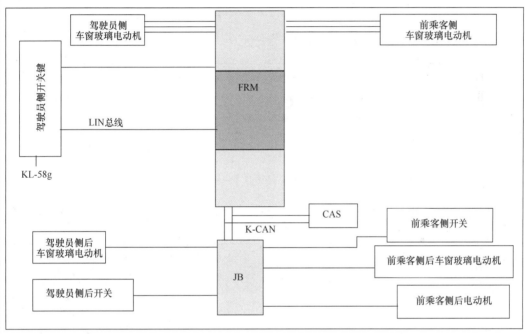

图 16-6　电动车窗控制电动机线路

驾驶员侧车门控制单元通过 LIN 总线连接到 FRM 上，其他车门控制单元直接将信号线连接到 JB 上。由于可通过遥控钥匙打开所有车窗，因此可以认为车窗玻璃升降系统的执行部分是正常的，问题应出在信号输入部分或 FRM。

检测 FRM，发现故障码 9CBA——LIN 总线通信故障。测量 LIN 总线的信号电压，为 12.11V，偏高；测量 LIN 总线的信号波形（见图 16-7），发现波形存在异常；检查 FRM 的 LIN 总线–插接器 X14260 的 23 号端子，发现它与电源线之间的绝缘电阻仅为 500Ω，说明线路有问题。

将 23 号端子从插接器 X14260 中退出来，然后将插接器插回 FRM，再测量 FRM 侧的总线信号电压，变为 10V，正常。说明问题出在 FRM 到驾驶员侧车门控制单元之间。

拆开驾驶员侧门轴处的插接器，发现线束内的导线有破损。

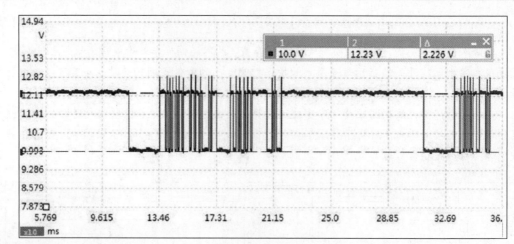

图 16-7　LIN 总线的信号波形图

●━━━【 故障排除 】━━━●

修复线束，故障排除。

●━━━【 案例总结 】━━━●

诊断复杂故障时，一般遵从先简后繁的原则，对照工作原理和故障现象，检测出供电和搭铁线路之间存在的故障。

任务二　BMW 常见辅助电气设备初始化设置

_____学时

班级:		组别:	学员:	掌握程度: □优　□良　□及格　□不及格
实训目的	掌握辅助电气设备的控制、初始化学习及车辆手动设置（复位）流程。			
安全注意 事项	注意设备及个人安全，规范操作。			
教学组织	每辆车按 6 位学员（组长 1 人、主修 1 人、辅修 1 人、观察员 1 人、评分 1 人、质检 1 人）作业，循环操作。			
操作步骤 演示				
任务	作业记录内容　☑ 正确　☒ 错误			
前期准备	□ 1. 护具——整车防护七件套（车外三件套——前翼子板垫/左右翼子板垫，车内四件套——转向盘套/脚垫/座椅套/变速器操作杆套），如图 16-8 和图 16-9 所示。 □ 2. 工具——车辆以宝马 525Li 为例。			

安全检查	□ 1. 检查车辆驻车制动器是否处于制动状态，变速器挡位是否处于空挡位置。 □ 2. 在车辆前后放置车轮挡块。 □ 3. 使用车辆前，检查车辆或台架周围是否安全。 注意：使用过程中若有异常或异响，应立即停止当前作业并及时向老师汇报，不得擅自处理。
防护工作	人身防护如图 16-10 所示。车身防护如图 16-11 所示。车内防护如图 16-12 所示。 注意：安全防护要到位。 □ 图 16-10　人身防护　　□ 图 16-11　车身防护　　□ 图 16-12　车内防护
操作流程	**一、操作步骤** **步骤一　电动车窗玻璃升降机初始化设置** □ 1. 使车辆处于静止状态。 □（1）检查蓄电池电压是否足够。 □（2）打开点火开关，确保电动车窗熔丝正常。 □（3）检查所有车门是否都已关闭。 □ 2. 删除初始化设置。 □（1）把车窗玻璃完全打开。 □（2）将车窗升降开关设置在"打开"位置 (开关第二挡)，并按住 15～20s。 □（3）不能使用一键升降开关关闭车窗时，防夹和车窗复位功能不起作用，说明已成功删除了原来的初始化设置。 □ 3. 重新初始化设置。 □（1）操纵车窗升降开关（见图 16-13）完全关闭侧窗：可能需要频繁操纵开关，直至侧窗完全关闭。 □（2）操纵车窗升降开关（见图 16-13）完全打开侧窗：可能需要频繁操纵开关，直至侧窗完全打开。 □（3）测试方法如下。 ① 使用开窗付费电路关闭侧窗时，按下开关后，侧窗自动完全关闭； ② 当车窗能够在开窗付费电路中无故障打开和关闭时，则初始化设置已成功。 □ 图 16-13　车窗升降开关

操作流程	**步骤二　全景车顶/活动天窗初始化设置** □ 1．检测蓄电池电压，电压应在 12.6V 左右。 □ 2．尽量保持发动机运行，或打开点火开关，检测天窗熔丝是否正常。 □ 3．按住"升起"开关，如图 16-14、图 16-15 所示。 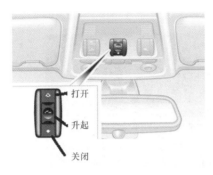　 □ 图 16-14　"升起"开关的位置　　□ 图 16-15　按下"升起"开关 □ 4．活动天窗移到"抬起"极限位置，保持 20s 内以上，过后才能开始初始化设置。 □ 5．操作"打开"和"关闭"开关，使活动天窗均要运动到所有极限位置。 □ 6．当移到所有极限位置且玻璃天窗保持在"关闭"位置 10s 以上时，初始化设置完成。 □ 7．在初始化设置结束时，玻璃天窗应能全关闭。 **步骤三　车载显示器装备初始化设置** □ 1．起动发动机，但不要行车。 □ 2．从中央显示屏主菜单中选择如下步骤："车辆信息"→"车辆状态"→"确认胎压"，起动初始化设置，如图 16-16 所示。 □ 3．行车时初始化设置结束。 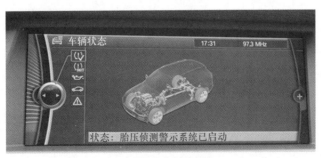 □ 图 16-16　初始化设置 **步骤四　驻车制动器(EMF)初始化设置** □ 1．在手动解除联锁后，系统处于非激活状态，将显示一条解除信息。 □ 2．可通过初始化设置来激活 EMF 系统。

操作流程	☐ 3．起动发动机。 ☐ 4．用力操纵制动踏板杆。 ☐ 5．按下电子驻车按键约 15s，如图 16-17 所示。出现噪声属正常现象。初始化设置可能持续数秒钟。只要驻车制动器再次进入工作准备就绪状态，对应的指示灯就会熄灭。 ☐ 图 16-17　电子驻车按键 **二、注意事项** ☐ 1．车辆举升时注意安全检查。 ☐ 2．按步骤一～步骤四的顺序，逐步完成项目操作。 ☐ 3．在初始化前，应完成车辆的清洁工作。 **三、技术要求** ☐ 1．按维修手册上标注的流程操作。 ☐ 2．实训结束必须现场测试检查。
质检验收	☐ 初始化结束，需通过操作相应开关验证结果。　　　　是 ☐　否 ☐ ☐ 同客户试车确认。　　　　　　　　　　　　　　　　是 ☐　否 ☐ ☐ 检查仪表是否有报警灯显示。　　　　　　　　　　　是 ☐　否 ☐ ☐ 与实训工单对照检查项目的完成情况。　　　　　　　是 ☐　否 ☐ ☐ 检查工具、设备是否有遗漏在车上。　　　　　　　　是 ☐　否 ☐

检查与评估	
6S 管理规范 （教师点评）	☐ 整理　☐ 整顿　☐ 清扫　☐ 清洁　☐ 素养　☐ 安全
成绩评定 （学生总结）	小组对本人的评定：☐ 优　☐ 良　☐ 及格　☐ 不及格 学生本次任务成绩：☐ 优　☐ 良　☐ 及格　☐ 不及格

专业考核评分表——BMW电动车窗初始化设置

班级：		组别：		组长：		日期：		
技术标准：电动车窗初始化操作流程								
序号	作业项目	考核内容		考核标准		分值	扣分	得分
1	准备环节	按键识别		选错1次扣1分		10		
2	初始化设置	车辆静止		按照流程规范操作，错1次扣5分		40		
3		检查蓄电池电压						
4		打开点火开关，检查车窗玻璃的熔丝等						
5		检查车门是否关闭						
6	重新初始化设置	删除原来的初始化设置				20		
7		操纵开关完全关闭再打开侧窗						
8		进行新的初始化设置				20		
9		设置后，检查车窗玻璃自动运行中无故障打开和关闭						
10	项目实训时间			0～30min　　　　10分		10		
				>30～35min　　　5分				
				>35min　　　　　0分				
质检员：		评分员：				合计得分		

教师点评：

团队合作：优秀 □　良好 □　及格 □　　　　分工明确：优秀 □　良好 □　及格 □

专业标准：优秀 □　良好 □　及格 □　　　　操作规范：优秀 □　良好 □　及格 □

教师签字：　　　　　　　　　　　　　　　　　　　　　　　年　　月　　日

注：实训未按规范操作，导致出现设备损坏或人身伤害，本次考核记0分。

实训项目十七 —— BMW 部分车载设备认知

任务一 常见 BMW 新技术认知

_____学时

班级：	组别：	姓名：	掌握程度： □优　□良　□及格　□不及格

一、工作任务

1. 了解 BMW 部分新技术。

2. 掌握 BMW 专用设备原理及保养方法。

二、任务认知

1. BMW 传统的电气系统组成

BMW 电气系统包括_____、_____、_____、_____、_____、仪表系统和电子控制系统等。

BMW 的舒适系统主要由_____、风窗玻璃洗涤系统、_____、电动风扇、_____、电动后视镜、_____、除霜装置等组成。

2. BMW 部分新技术

（1）DSCi 技术。DSCi（集成动态稳定控制系统）是在 BMW 汽车的 DSC 系统基础上进化升级而来的。它包括_____驾驶模式选择和车辆防滑控制功能（ABS、DSC、DTC等）。附加功能还包括制动摩擦片_____的状态读取、轮胎气压的监控和对_____驻车制动器的控制。

① 根据图 17-1 所示，填写相应标号的名称及作用。

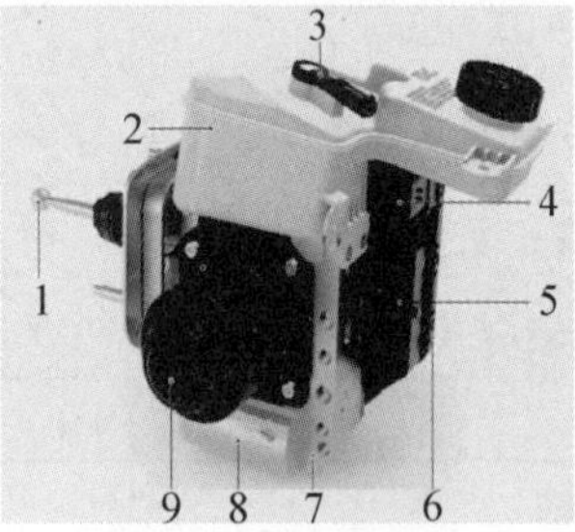

图 17-1　DSCi 装置

1的名称是球头连杆，其作用是_____；
2的名称及作用是_____；
3的名称及作用是_____；
4的名称是供电插头，其作用是_____；
5的名称是网络插头，其作用是_____；
6的名称是控制单元，其作用是_____；
7的名称是液压单元，其作用是_____；
8的名称及作用是_____；
9的名称及作用是_____。

② 制动液高度传感器如图 17-2 所示。

根据图 17-2 回答相应的问题：

一级警告的内容是_____。

二级警告的内容是_____。

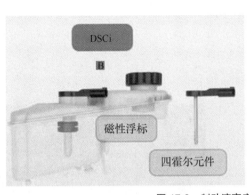
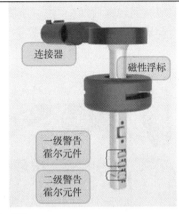

图 17-2　制动液高度传感器

（2）BMW 胎压系统。

① BMW 胎压系统概述。在 BMW 车辆用户手册中有相关说明：必须每隔 14 天检查轮胎充气压力_____次。但多数用户没有执行这项规定，也没有意识到其后果。如果充气压力不正确，轮胎承受的负荷会明显提高。其结果是：轮胎磨损_____；轮胎使用寿命_____；行驶稳定性_____；轮胎失压（运行表面_____，轮胎压力迅速_____）；耗油量_____。

因此 BMW 提供了轮胎压力监测（RDC）系统和轮胎失压显示（RPA）系统。RDC 系统直接识别充气压力下降情况，可以同时识别所有 4 个轮胎内的压力。RPA 系统只能通过比较车轮转速间接识别_____个轮胎的充气压力降低情况，如表 17-1 所示。

表 17-1　两种胎压监测方法比较

系　统	名　称	测量方法
RDC	轮胎压力监测系统	测量轮胎内的压力/温度
RPA	轮胎失压显示系统	比较车轮转速

② 种类及原理。

RDC：部分车型采用的气门芯下面有_____传感器（4 个轮胎都有），每隔几秒或几毫秒通过发射器把数据发送给车身上的接收器，然后把数据传给控制单元对 4 个轮胎的胎压进行比较，低于_____就报警提示。其优点是报警准确及时，不会出现气压没有变化却显示胎压报警的情况；缺点是_____高，传感器用电池供电，需要到_____时间更换电池（必须将轮胎拔开），较容易损坏。RDC 系统组成、原理及胎压显示界面如图 17-3、图 17-4 所示。

RPA：这种监测在 BMW 汽车上使用最多，胎压_____设置后，车辆在行驶过程中（速度高于 25km/h）会进行自动学习，这时候会学习并记录 4 个轮胎的平均_____，其中某个轮胎转速较_____时会报警，说明某个轮胎_____时，轮胎半径必定有所减小，半径小的轮胎与半径正常的轮胎要在相同的时间到达同一个目的地，那么半径小的_____一定会增加，增加的转速通过_____监测到，从而报警提示。这种方法的优点是成本低，不用维护，缺点是气压差必须大于或等于_____才会报警，有时还会不报警或误报警。RPA 系统组成、原理及胎压显示界面如图 17-5、图 17-6 所示。

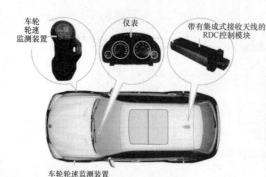

图 17-3　RDC 系统组成及原理

图 17-4　RDC 胎压显示界面

图 17-5　RPA 系统组成及原理

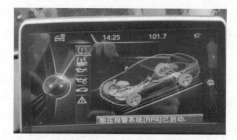

图 17-6　RPA 胎压显示界面

（3）BMW 防爆轮胎（胎压失压自助）

① 防爆轮胎（也称缺气保用轮胎）是在缺气的情况下，还能继续以_____的车速行驶 80km 左右，不会像普通的轮胎一样爆胎，让车轮瞬间失去支撑力。为了消除潜在的安全隐患，BMW 选择将普通轮胎更换成_____。防爆轮胎并不是随意更换的，对_____和_____的结构要求也是相当大的，就算连轮毂一起换，悬架对车轮反馈的支撑力也会不_____。传统轮胎与防爆轮胎的对比如图 17-7、图 17-8 所示。从图中可看出，防爆轮胎的胎壁要比传统轮胎厚实很多。

② 防爆轮胎没有传统轮胎的_____性能，_____大，而且后期的油耗等也随之增加。对于市区行驶的车主而言，防爆轮胎的安全性能往往体现不出来，反倒降低_____性和维护成本。

③ 胎压存储：如有漏气现象应马上修补，然后可以进行胎压_____。在中央显示屏的主界面中选择"车辆信息→车辆状态"，在里面的第二个选项点击_____就可以复位了，此时胎压监测灯应处于关闭状态，失压应该解除了。在变速杆前方有个和胎压监测灯一样的按钮，长按此钮可调出菜单，找到"胎压监测"保存胎压即可。

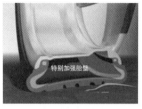

图 17-7　传统轮胎与防爆轮胎对比　　　图 17-8　传统轮胎与防爆轮胎的结构变形比较

（4）BMW 驾驶系统

① 自动泊车系统（见图 17-9）。目前的 BMW 1 系、3 系、4 系和 5 系都有配备自动泊车系统的车型，从覆盖率来看，相对于其他品牌还是比较高的。另外，BMW 的自动泊车系统不论装备在哪个车系中，操作方法都是一样的，需要先按下起动按钮再打转向灯才可以起动。

图 17-9　自动泊车系统示意图

a. 方法/步骤。

• 按一下_____键，如图 17-10 所示，确认自动泊车功能已经打开，如图 17-11 所示。

图 17-10　自动泊车键　　　　　　　　图 17-11　自动泊车功能打开

• 以低于_____km/h 的速度行驶，这时候超声波传感器可以有效地探测停车位，一旦探测出大于车身长度约 1.25m 以上的车位，车子会在中央显示屏上发出"_____"的提示信息。

- 停车之后，对于 BMW 新的自动泊车系统，会让驾驶员选择是横向停车还是 ＿＿＿＿＿ 停车。
- 打开转向灯，往哪边停车就打开＿＿＿＿＿＿方向的转向灯，如图 17-12 所示。
- 确认停车后，按住自动泊车键不放，并且松开制动踏板、松开转向盘，自动泊车功能开启，这时自动泊车辅助系统控制车辆进行＿＿＿＿＿、＿＿＿＿＿和制动，直到车辆进入车位后自动取消自动泊车功能，如图 17-13 所示。

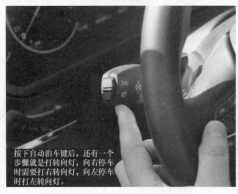

图 17-12　打开转向灯方法　　　　　　图 17-13　自动泊车过程

b．注意事项。

- 自动泊车的时候，驾驶员要时刻关注车辆周围的情况，一旦发现异常，要立即踩制动踏板，或者松开＿＿＿＿＿＿键，这样可以退出自动泊车过程。
- 开启自动泊车前，一定记得打开＿＿＿＿＿灯。
- 要记得系＿＿＿＿＿带，否则不能进入自动泊车状态。

② 平视显示系统，如图 17-14 所示。

图 17-14　平视显示系统

平视显示系统的作用：将重要信息直接投射在驾驶员的前方视线内；虚拟影像被投射到＿＿＿＿＿上，形成清晰易读的影像；关键的驾驶信息如＿＿＿＿＿、导航提示等可以更容易被看到，驾驶员无须将视线移开前方路面。通过仪表上的一个小方块凹印，可以识别车辆是否配备平视显示系统。

现在华晨 5 系比较有技术含量的配置有：驾驶动态控制系统、自动泊车系统、全彩平视显示系统、带_____夜视系统、前排主动通风座椅、整体主动转向系统、_____回收系统。

口 案例分享 口

【故障现象】

一辆行驶了 62 000km 的 BMW X3，仪表盘上的胎压指示灯亮起，胎压报警，如图 17-15 所示。

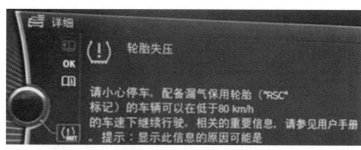

图 17-15　仪表盘胎压报警

【故障诊断】

初步诊断是胎压不足或者胎压监测出现问题。

【故障排除】

利用胎压表测量 4 个轮胎的气压发现在标准范围内，排除漏气可能。顶起车辆查看，并没有发现异常。初步判定是胎压监测系统出现问题，询问车主，车主说车辆行驶中经过了一个坑洼的地方后，就出现此类问题。维修人员重新进行了一次胎压储存，试车，故障消除。

【故障原因】

车辆大的颠簸导致轮胎内部气压瞬间不稳，出现报警。

【案例总结】

轮胎胎压监测系统比较灵敏，在确保没有外部原因的情况下，可以先储存胎压试车来判定。

任务二　　更换轮胎和胎压复位

_____学时

班级：	组别：	学员：	掌握程度： □优　　□良　　□及格　　□不及格
实训目的	掌握 BMW 轮胎更换和胎压复位流程。		
安全注意 事项	注意设备及个人安全，规范操作。		
教学组织	每辆车按 6 位学员（组长 1 人、主修 1 人、辅修 1 人、观察员 1 人、评分 1 人、质检 1 人）作业，循环操作。		
任务	作业记内容　　☑ 正确　　☒ 错误		
前期准备	□ 1. 护具——整车防护七件套（车外三件套——前翼子板垫/左右翼子板垫，车内四件套——转向盘套/脚垫/座椅套/变速器操作杆套），如图 17-16 和图 17-17 所示。 □ 图 17-16　车外三件套　　　　　　□ 图 17-17　车内四件套 □ 2. 工具——车辆（以 BMW 525Li 为例）、千斤顶、备胎工具，如图 17-18 和图 17-19 所示。 □ 图 17-18　千斤顶　　　　　　　　□ 图 17-19　备胎工具 □ 3. 耗材——清洗剂、软布（元器件拆装、检测及实训结束 6S 实施时均可用到）等，如图 17-20 和图 17-21 所示。 □ 图 17-20　清洗剂　　　　　　　　□ 图 17-21　软布		

安全检查	□ 1. 检查车辆驻车制动器是否处于制动状态，变速器挡位是否处于空挡位置。 □ 2. 在车辆前后放置车轮挡块。 □ 3. 举升车辆前，检查实训台架及周围是否安全。 □ 4. 举升车辆高出地面 10～20cm，检查举升机支点是否在合适位置。 □ 5. 举升车辆时，检查举升机举升过程中有无异常、异响。 注意：举升过程中若有异常或异响，应立即停止当前作业并及时向老师汇报，不得擅自处理。
防护工作	人身防护如图 17-22 所示。车身防护如图 17-23 所示。车内防护如图 17-24 所示。 注意：安全防护要到位。  □ 图 17-22　人身防护　　□ 图 17-23　车身防护　　□ 图 17-24　车内防护
操作流程	**一、操作步骤** **步骤一　更换轮胎** □ 1. 从行李箱里拿出备胎以及其配套的专用工具（千斤顶、扳手等）。 □ 2. 拆下轮胎螺栓盖帽，如图 17-25 所示，这个是没有拆卸顺序要求的。 □ 图 17-25　拆下轮胎螺栓盖帽 □ 3. 用专用工具拆卸轮胎螺栓，按照对角线顺序逐一拧 2～3 次，但不是完全拆卸下来，如图 17-26 所示。 □ 4. 在底盘下方找到千斤顶支点，在车的两侧都有标记 A（两边均有凹槽），千斤顶需支撑在标记 A 处，如图 17-27 所示。

操作流程	 □ 图 17-26 拆卸轮胎螺栓	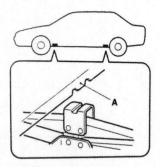 □ 图 17-27 千斤顶支点

□ 5．将备胎放入底盘下方。

□ 6．按对角线顺序拆下所有螺栓后取下轮胎，如图 17-28 所示。

□ 图 17-28 取下轮胎

□ 7．将拆下的轮胎放置在车体的下面，检查胎侧、胎齿，然后把备胎安装到轮毂上，先用手把全部螺栓拧入，然后放下千斤顶，再用扳手按对角线顺序紧固全部螺栓（注意标准扭矩）。

步骤二 胎压报警灯复位方法

□ 1．根据各个车辆上的铭牌数据查询到轮胎规定的气压，如图 17-29 所示。

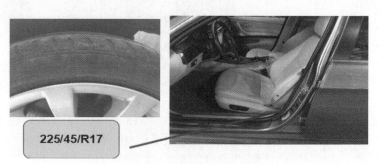

225/45/R17

□ 图 17-29 查询轮胎规定的气压

□ 2．观察胎压的标识，并能说出对应的含义，如图 17-30 所示。

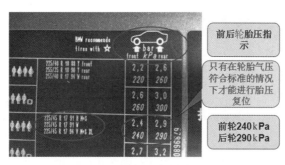

前后轮胎压指示

只有在轮胎气压符合标准的情况下才能进行胎压复位

前轮240kPa
后轮290kPa

□ 图 17-30　胎压标识

□ 3. 轮胎状况检测：由于 BMW 车胎压监测的特殊性，4 个轮胎花纹深度（见图 17-31）误差过大（＞2mm）也会导致胎压报警灯点亮。

操作流程

□ 图 17-31　测量轮胎花纹深度

□ 4. 进入车内，关闭车门，将钥匙插入孔座，长按起动按钮（见图 17-32），不要踩下制动踏板，行车控制单元进入自检。

□ 图 17-32　起动车辆

□ 5. 待车辆自检完成后，将出现行车控制单元数据，如图 17-33 所示。

□ 6. 连续操作转向灯开关上的滑动拨杆（见图 17-34），选择功能并观察仪表盘上显示的菜单，当显示胎压复位"P RESET"时（见图 17-35），停止拨动滑动拨杆。

操作流程	   □ 图 17-33　车辆自检完成　□ 图 17-34　滑动拨杆　□ 图 17-35　显示界面 □ 7. 按下 BC（确认）按钮，进入胎压复位菜单，其中 "RESET" 前的 "▶" 消失时，即表示可以进行复位了，如图 17-36 所示。    □ 图 17-36　胎压复位菜单 □ 8. 按下 BC 按钮 5s，进行胎压复位工作，如图 17-37 所示。 □ 9. 仪表盘出现胎压复位成功标识，如图 17-38 所示。   □ 图 17-37　胎压复位　□ 图 17-38　胎压复位成功标识 □ 10. 打开点火开关，观察仪表盘，图 17-39 中的胎压报警灯应熄灭。  □ 图 17-39　仪表显示界面

操作流程	□ 11．实训结束，清理场地，设备复位，填写工单。
	二、注意事项
	□ 1．注意四到位：防护到位，工具到位，设备到位，耗材到位。
	□ 2．防护包括人身防护和车辆防护。
	□ 3．实训结束需清洁实训场地。
	□ 4．按照实训工单流程规范操作。
	三、技术要求
	□ 1．如果螺栓上没有盖帽，可以直接拆卸螺栓。
	□ 2．带有胎压监测系统的车辆，更换完轮胎后出现胎压报警，需要输入并储存新轮胎的胎压值。
	□ 3．如果胎压报警灯亮，建议检查轮胎的胎压和花纹，并进行复位操作，直到报警灯不亮。
质检验收	□ 检查轮胎安装螺栓的扭矩是否符合维修手册上规定的标准值。是 □ 否 □
	□ 组长、质检员检查操作手是否按工单的要求操作。　　　　是 □ 否 □
	□ 观察仪表盘上的胎压报警灯是否熄灭。　　　　　　　　　是 □ 否 □
	□ 与实训工单对照检查项目是否完成。　　　　　　　　　　是 □ 否 □
	□ 实训结束后，需检查工具、设备是否遗漏在车上。　　　　是 □ 否 □

检查与评估	
6S 管理规范（教师点评）	□ 整理　□ 整顿　□ 清扫　□ 清洁　□ 素养　□ 安全
成绩评定（学生总结）	小组对本人的评定：□ 优　□ 良　□ 及格　□ 不及格
	学生本次任务成绩：□ 优　□ 良　□ 及格　□ 不及格

专业考核评分表——更换轮胎和胎压复位

班级：		组别：	组长：		日期：		
技术标准：轮胎拆装要求及注意事项							
序号	作业项目	考核内容	考核标准		分值	扣分	得分
1	准备环节	正确选用工具	选错1次扣1分		5		
2		正确使用工具	用错1次扣1分		5		
3	轮胎更换	打开行李箱，取出专用工具	未取扣5分		5		
4		拆卸轮胎螺栓的盖帽	未先拆扣5分		5		
5		预松轮胎螺栓	未预松扣5分		10		
6		选择支点举升车辆，放入备胎	固定得不牢均扣7分		10		
7		取下螺栓	未按要求放置螺栓扣5分		10		
8		取下轮胎放置位置正确	未正确放置轮胎扣5分		5		
9	检查验收	轮胎检查	胎侧、胎齿未检查扣5分		5		
10		轮胎装配	没按要求装配轮胎扣10分		10		
11	胎压复位	按实训工单流程操作	未按流程操作，少一步扣2分，直到扣完10分		10		
12		复位成功	复位未成功扣10分		10		
13	项目实训时间		0～25min 10分 ＞25～27min 7分 ＞27min 0分		10		
质检员：		评分员：			合计得分		

教师点评：

团队合作：优秀 □ 良好 □ 及格 □　　　分工明确：优秀 □ 良好 □ 及格 □

专业标准：优秀 □ 良好 □ 及格 □　　　操作规范：优秀 □ 良好 □ 及格 □

教师签字：　　　　　　　　　　　年　月　日

注：实训未按规范操作，导致出现设备损坏或人身伤害，本次考核记0分。

实训项目十八 — BMW 空调系统维护

任务一　BMW 空调系统认知

_____学时

班级：	组别：	姓名：	掌握程度： □优　□良　□及格　□不及格

一、工作任务

1. 了解制冷系统与暖风系统的组成。
2. 熟悉换气系统的组成及作用。
3. 掌握空调系统原理及保养。

二、任务认知

汽车空调是由_____、_____、_____等部分组成的。

1. BMW 空调系统组成及工作原理（见图 18-1）

（1）空调制冷系统的工作原理。起动汽车空调制冷系统后，压缩机工作，驱使制冷剂循环，_____将气态制冷剂压缩成_____的制冷剂气体后排出压缩机，并经管路流入_____后，在冷凝器内_____，冷凝成_____的液态制冷剂流出。高温高压液态制冷剂经管路进入干燥储液器内，经过_____后流进膨胀阀节流，状态发生急剧变化，变成_____的液态制冷剂进入蒸发器。在蒸发器内吸收流经蒸发器的_____热量，使空气温度降低，吹出冷风，产生制冷效果，制冷剂因吸收了热量蒸发成_____的气态制冷剂，经管路压缩机吸入压缩，进入下一个循环。压缩机连续工作，制冷剂就在空调系统中连续循环，产生制冷效果；压缩机停止工作，空调系统内制冷剂随之停止_____，不产生_____效果。

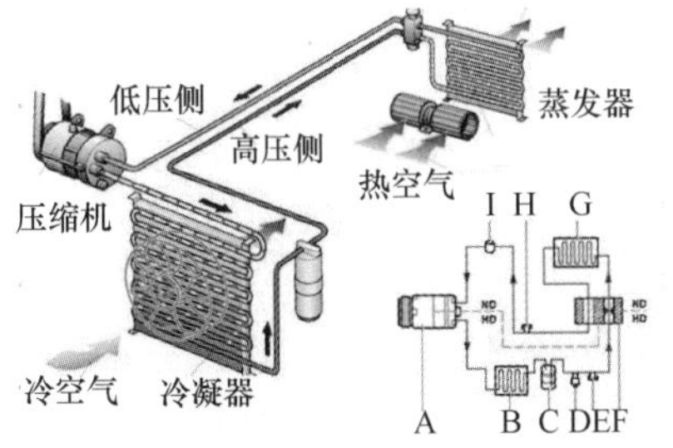

图 18-1　BMW 空调系统的组成及工作原理

写出图18-1中各标号的名称。

A 为_____；B 为_____；
C 为_____；D 为_____；
E 为_____；F 为_____；
G 为_____；H 为_____；
I 为_____。

（2）空调暖风系统的组成如图 18-2 所示。

高级自动恒温空调（IHKAHIGH）的暖风热交换器带有两个输送管路，可以分别为_____提供暖风。暖风热交换器的温度不能超过 96℃。为此在温度达到____℃时关闭所有水阀，超过____℃时再次进行调节。

要求提高加热能力时，可通过一个 IHKA 特殊功能控制信号在 DME 执行热量管理功能时提供辅助加热能力。DME 通过相应降低发动机效率，从而产生更多余热，来提供这种_____能力。

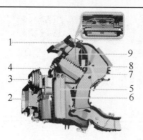

1—IHKA壳体；2—新鲜空气进气装置；
3—膨胀阀的制冷剂接口；
4—暖风热交换器的水管接口；
5—蒸发器；6—蒸发器温度传感器；
7—暖风热交换器；
8—PTC电气辅助加热器（仅限于柴油发动机）；
9—暖风热交换器温度传感器（BASIS，1个/HIGH，2个）

图 18-2　BMW 空调暖风系统的组成

柴油发动机车辆的前部电气辅助加热器安装在 IHKA(自动恒温空调）壳体内。该加热器通过 LIN 总线(LIN 局域互联网总线)与 IHKA 相连,并在需要提供辅助加热时通过该接口进行0～100%的无级可变调节。IHKA 通过 LIN 总线将功率状态发送至_____电气辅助加热器,这时电压为 13V 的 PTC 电气辅助加热器（功率为____W）开始辅助加热。

2．空调制冷系统的结构认知（见图 18-3）

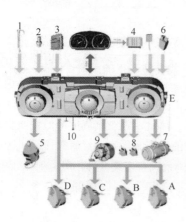

1的名称及作用_____；
2的名称及作用_____；
3的名称及作用_____；
4的名称及作用_____；
5的名称及作用_____；
6的名称及作用_____；
7的名称及作用_____；
8的名称及作用_____；
9的名称及作用_____；
10的名称及作用_____；
A的名称及作用_____；
B的名称及作用_____；
C的名称及作用_____；
D的名称及作用_____。

图 18-3　制冷系统的组成

3．BMW 暖风系统实物及出风口认知

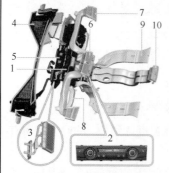

如图18-4所示，根据标号完成下列填空。

1的名称及作用_____；2的名称及作用_____；
3的名称及作用_____；4的名称及作用_____；
5的名称及作用_____；6的名称及作用_____；
7的名称及作用_____；8的名称及作用_____；
9的名称及作用_____；10的名称为_____。

图 18-4　暖风系统实物

4. 换气系统结构组成认知

换气系统的作用是_____。

图 18-5　换气系统

如图18-5所示，根据标号填空。

1的名称及作用_____；

2的名称及作用_____；

3的名称及作用_____；

4的名称及作用_____；

5的名称及作用_____；

6的名称及作用_____；

7是_____传感器；

8是_____传感器。

5. BMW 空调系统保养

使用空调前，应该首先对空调系统进行一次全面的检查。

检测项目：检查微尘滤清器_____程度；检查空调出风口风量_____；检查空调出风口_____是否正常；检查空调是否有____味，如有必要，_____蒸发器；检查空调面板_____是否正常工作；检查空调排水管是否_____或安装不正确；检查空调冷凝器是否_____，有必要则_____；检查空调冷凝器风扇是否_____；检查空调压缩机皮带_____及_____；检查空调压缩机是否有_____；检查空调系统高、低压力_____。

·· □ 案例分享 □ ··

●——————【故障现象】——————●

有一辆 BMW 320（E90），车辆行驶了 125 850km，车主反映车辆打开空调行驶约 100km 后，空调系统不制冷，并且在仪表盘内部传来流水声。

●——————【故障诊断】——————●

1. 打开发动机舱盖，检查冷却液液位中位，正常。连接空调压力表，查看空调系统压力，压力在正常范围。排除冷却液不足和压缩机功率不足的问题。在室外温度为 28℃ 条件下，空调系统高、低压正常；手触摸高压管烫手，触摸低压管冰凉，并能看到低压管上有明显的小水滴附着，说明冷却液正常。

2. 排除中央出风口温度传感或其线路故障。开启暖风系统，在 AC OFF，温度设置为 27.5℃ 时，出风口温度约为 28℃，与室外温度基本一致。

3. 排除蒸发器温度传感器或其线路故障。开启暖风系统，在 AC OFF，温度设置 27.5℃ 时，蒸发器温度约为 28℃，与室外温度基本一致。

4. 排除辅助水泵及其线路故障。使用 ISTA 激活，泵运转正常。

由以上故障诊断过程可推断出故障的可能原因有以下几方面。

1. 蒸发器温度传感器与蒸发器的相对位置错误。读取蒸发器温度为6℃，而出风口温度为0℃，错误的位置可能造成测量偏差。

2. 暖水箱或其输入/输出水管堵塞。因为热机开启暖风系统，出风口出风温度过低；手触摸暖风箱进水管和出水管有明显的温差。

3. 蒸发器周围与风箱壳体间的密封件丢失。蒸发器温度为6℃，出风口温度为0℃，通过鼓风机送进来的自然风先经过蒸发器的冷却，再经过暖水箱，若密封件损失，就会有部分不经过冷却的自然风经过蒸发器传感器，如此冷热风混合会使蒸发器温度传感器测量温度出现偏差。

━━━━━━【故障排除】━━━━━━

更换暖风箱进水管和出水管，用冷却液清洗管道，更换新的冷却液。

━━━━━━【故障原因】━━━━━━

冷却液中加入了水导致管道锈蚀。

━━━━━━【案例总结】━━━━━━

从故障现象上看，此故障不是疑难杂症，关键是要懂得从故障现象入手，通过功能测试或读取相关数据的方式排除多个故障原因的可能，可以大大减少不必要的测量工作；对于F35（以空气冷却为基础），F02（以冷却液冷却为基础）等新款车型，不论空调模式如何，其IHKA（自动恒温空调）对压缩机跳泵温度、蒸发器实测温度以及风箱设计都有明显的改进，因此，在这些车辆上，尽管暖风系统完全失效，都不会引起蒸发器表面结冰；对于本案例车辆（E90），在暖风系统失效后，蒸发器温度传感器实测温度基本维持在6℃（正常值，非故障值），蒸发器表面的温度维持在2℃，从这个温度变化量来看，流过蒸发器温度传感器位置的风基本就是冷风和自然风的混合了，并没有受暖风的影响。

任务二　更换空调滤芯

_____学时

班级：		组别：		学员：		掌握程度： □优　　□良　　□及格　　□不及格
实训目的		掌握空调滤芯更换流程。				
安全注意 事项		注意设备及个人安全，规范操作。				
教学组织		每辆车按 6 位学员（组长 1 人、主修 1 人、辅修 1 人、观察员 1 人、评分 1 人、质检 1 人）作业，循环操作。				

操作步骤 演示	

拆卸流程

微课

空调系统维护（一）

拆卸流程

微课

空调系统维护（二）

任务	作业记录内容　☑ 正确　☒ 错误
前期准备	□ 1. 护具——整车防护七件套（车外三件套——前翼子板垫/左右翼子板垫，车内四件套——转向盘套/脚垫/座椅套/变速器操作杆套），如图 18-6 和图 18-7 所示。 前翼子板垫　左右翼子板垫 转向盘套　座椅套　脚垫　变速器操作杆套 □ 图 18-6　车外三件套　　□ 图 18-7　车内四件套

前期准备	□ 2．工具——车辆（以 BMW 320Li 为例）、世达工具、新空调滤芯（见图 18-8）、接液盆。 □ 3．耗材——空调清洗剂。  □ 图 18-8　空调滤芯
安全检查	□ 1．检查车辆驻车制动器是否处于制动状态，变速器挡位是否处于空挡位置。 □ 2．在车辆前后放置车轮挡块。 □ 3．使用车辆前，检查车辆或台架周围是否安全。 注意：使用过程中若有异常或异响，应立即停止作业并及时向老师汇报，不得擅自处理。
防护工作	人身防护如图 18-9 所示。车身防护如图 18-10 所示。车内防护如图 18-11 所示。 注意：安全防护要到位。  □ 图 18-9　人身防护 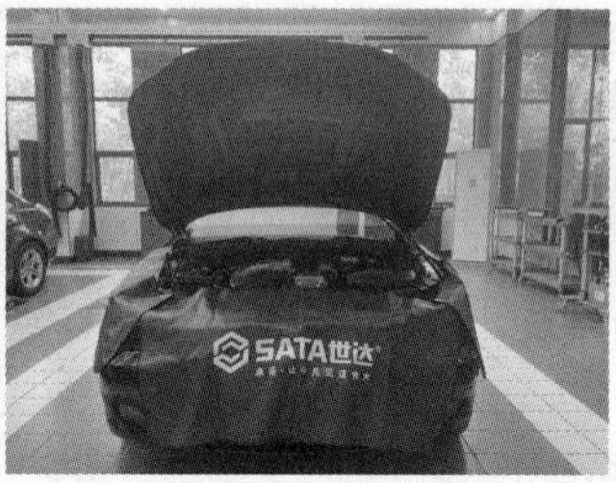　　□ 图 18-10　车身防护 　　□ 图 18-11　车内防护
操作流程	一、操作步骤 步骤一　车辆准备 □ 1．做好与操作相关的各种防护，如图 18-12 所示。  □ 图 18-12　做好防护

	□ 2. 关闭一键起停开关，如图 18-13 所示。 **步骤二　拆卸副驾驶侧空调滤芯防护板手套箱** □ 1. 查找手套箱的固定螺栓，如图 18-14 所示。    　□ 图 18-13　关闭一键起停开关　　　　　□ 图 18-14　查找手套箱固定螺栓 □ 2. 用拆装工具（10cm 套筒）拆下两个手套箱螺栓，如图 18-15 所示。 □ 3. 取出手套箱，如图 18-16 所示。   　　　□ 图 18-15　拆下手套箱螺栓　　　　　　□ 图 18-16　取出手套箱

操作流程

步骤三　更换空调滤芯

□ 1. 将两个护板取下，如图 18-17 所示。

□ 2. 将手套箱下护板连接的电源线束轻轻拔下，如图 18-18 所示。

　　　　□ 图 18-17　取下护板　　　　　　　□ 图 18-18　拔下电源线束

□ 3. 将鼓风机下部护壳拆下，使用内六角工具拆卸空调滤芯护板的固定螺栓，如图 18-19 所示。然后拆下空调滤芯护板。

　　　　　　□ 图 18-19　拆卸空调滤芯护板固定螺栓

□ 4. 分别取下两片空调滤芯，如图 18-20 所示。

□ 图 18-20　取下空调滤芯

□ 5. 观察空调滤芯是否脏污，如图 18-21 所示，并对比新、旧空调滤芯外观及型号，如图 18-22 所示。

操作流程

□ 图 18-21　空调滤芯脏污　　　　□ 图 18-22　新、旧空调滤芯对比

□ 6. 换上新空调滤芯，注意滤芯的安装方向，最后按与拆卸相反的顺序将各零件安装回去，即完成空调滤芯的更换工作，如图 18-23 所示。

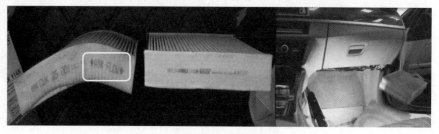

□ 图 18-23　安装新滤芯

步骤四　清洗空调管道

□ 1. 针对罐装无压力液体空调清洗剂，如图 18-24 所示，用前在清洗剂罐上安装好专用喷枪，连接气管，将空调清洗剂调到可喷出雾化状态。内部自带压力的罐装空调清洗剂如图 18-25 所示，其自带喷头与喷管，可直接使用。

□ 2. 用拆装工具拆下手套箱螺栓，拆下手套箱，取出空调滤芯护板，取出空调滤芯，如图 18-26 所示。

□ 图18-24　罐装无压
力液体空调清洗剂　　　　□ 图18-25　自带压力的
罐装空调清洗剂　　　　□ 图18-26　取出空调滤芯

□ 3. 起动发动机将空调风机开关调到出风最大，打开外循环开关，关闭车内所用出风口，如图18-27所示。

□ 图18-27　打开外循环开关

操作流程

□ 4. 将空调清洗剂喷成雾状，喷入空调进风口，自带压力的罐装清洗剂（或采用压缩空气），用前需要适当晃动一下，把软管插入空调进风口（出风口）处进行喷射（注意要间隔3～5min分几次喷），如图18-28所示。

彻底清洗空调各
个部位的污垢

□ 图18-28　将空调清洗剂喷入进风口

□ 5. 将空调清洗剂摇均匀后，插上导管分多次喷入鼓风机口，如图18-29所示。

□ 6. 将剩余的1/3量的清洗液用于清洗空调的出风口，只需要将喷孔直接插入中控台上的出风口即可开始喷射，如图18-30所示。

□ 7. 打开A/C开关，让空调系统运行10min左右，会看到污物会从车底的空调排水口流出。用盆接住残液，如图18-31所示。

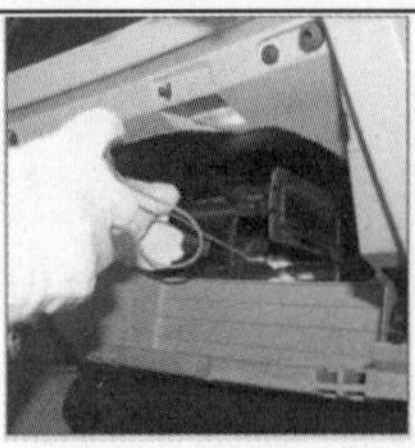

□ 图 18-29　喷射空调清洗剂　　　　□ 图 18-30　清洗空调出风口　　　　□ 图 18-31　清洗残液

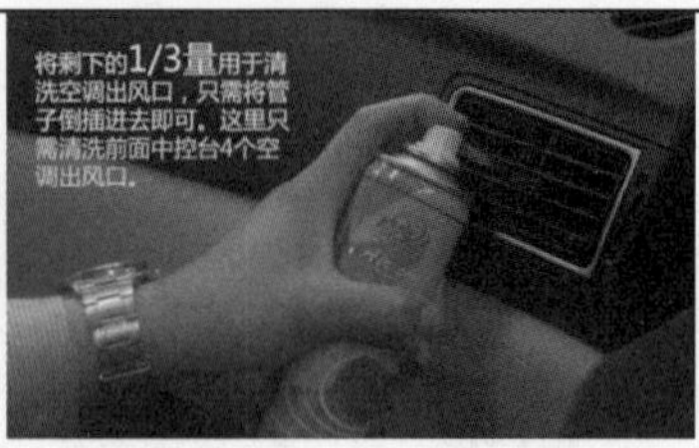

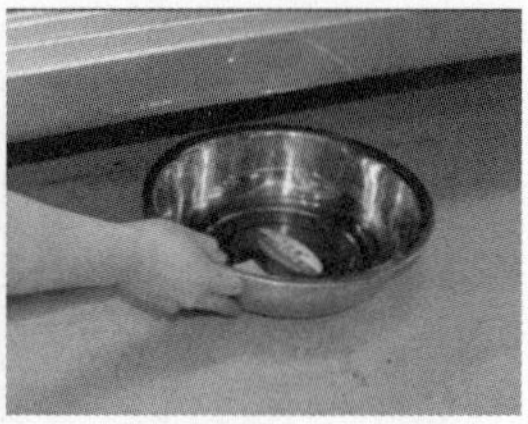

操作流程

□ 8．按 6S 要求，整理实训场地，全车部件复原安装到位。

二、注意事项

□ 1．注意车辆举升的安全检查。
□ 2．更换空调滤芯时注意安装方向。
□ 3．注意新、旧配件型号检查，并进行新、旧配件外观对比。
□ 4．安装空调滤芯前，需对其外壳进行清洁。

三、技术要求

□ 1．根据维修手册，确定螺栓的安装位置、力矩。
□ 2．注意空调滤清器安装方向。
□ 3．清洗空调系统后，若还有异味，需拆解并清洗空调管路和蒸发器。
□ 4．按照实训工单的流程，注意不要遗落拆卸的螺栓、配件等。
□ 5．工作一定注意四到位：防护到位，工具到位，设备到位，耗材到位。
□ 6．操作全程注意个人防护与 6S 整洁。

质检验收

□ 起动发动机，打开空调，检查出风口的风量大小是否正常。　　是 □　否 □
□ 同客户试车确认。　　是 □　否 □
□ 检查仪表盘是否有报警。　　是 □　否 □
□ 与实训工单对照检查各项目的完成情况。　　是 □　否 □
□ 检查工具、设备是否遗漏在车上。　　是 □　否 □

检查与评估

6S 管理规范（教师点评）：　□ 整理　□ 整顿　□ 清扫　□ 清洁　□ 素养　□ 安全

成绩评定（学生总结）：
小组对本人的评定：□ 优　□ 良　□ 及格　□ 不及格
学生本次任务成绩：□ 优　□ 良　□ 及格　□ 不及格

专业考核评分表——更换空调滤芯

班级：		组别：	组长：	日期：		
技术标准：空调滤芯更换操作要求						
序号	作业项目	考核内容	考核标准	分值	扣分	得分
1	准备环节	正确选用工具	选错 1 次扣 1 分	5		
2		正确使用工具	用错 1 次扣 1 分	5		
3	空调滤芯更换	关闭一键启停开关	按照流程规范拆卸，安装按照拆卸倒序操作，错 1 次扣 2 分	20		
4		查找手套箱的固定螺栓				
5		用拆装工具拆下手套箱螺栓				
6		取出手套箱	按照流程规范操作，错一次扣 5 分	20		
7		拆卸两个护板固定螺栓并取下护板				
8		将手套箱下护板连接的电源线束轻轻拔下		20		
9		将鼓风机下部护壳拆下				
10		分别取下两片空调滤芯		20		
11		新、旧空调滤芯对比				
12		换上新空调滤芯				
13		全车部件复原安装到位				
14		项目实训时间	0～20min 10 分 >20～25min 5 分 >25min 0 分	10		
质检员：		评分员：		合计得分		
教师点评：						

团队合作：优秀 □ 良好 □ 及格 □   分工明确：优秀 □ 良好 □ 及格 □

专业标准：优秀 □ 良好 □ 及格 □   操作规范：优秀 □ 良好 □ 及格 □

教师签字：   年   月   日

注：实训未按规范操作，导致出现设备损坏或人身伤害，本次考核记 0 分。

任务一 BMW 部分设备初始化及应急处理认知

_____学时

班级:	组别:	姓名:	掌握程度: □优 □良 □及格 □不及格

一、工作任务

1. 掌握手动解除 GA8HP 自动变速器锁的方法。
2. 掌握燃油箱加油盖紧急解锁的方法。
3. 掌握对驻车制动器 (EMF) 进行初始化设置的方法。
4. 熟悉紧急识别遥控钥匙的方法。

二、任务认知

BMW 由于使用了很多电子设备，若使用时间过长，则可能会出现如下现象：去加油站加油时，发现油箱盖打不开，行李箱也打不开；刮水器严重老化，却发现无法更换刮水片等。车主面对这些突发状况，需要掌握宝马车系应急解锁技巧。

1. 刮水器更换模式

由于宝马 F 系必须将刮水器拨到更换模式才能更换，所以调整方式为：开、关一次钥匙门，关闭的同时向上推刮水器拨杆保持 5s，此时刮水器会自己摆到更换位置，如图 19-1 所示。

图 19-1 刮水器处于更换模式

2. 复位 iDrive

当出现系统故障或屏幕冻结时，如图 19-2 所示，可以复位 iDrive 系统，进行修复。

复位方法如下：按住调节音量的按钮约_____s，直到屏幕_____，显示 BMW 信息并_____系统。重新起动时_____音频和通信系统的静音。

3. 驻车制动器初始化设置

在手动解除联锁后，驻车制动器处于非激活状态，并将显示一条解除信息。可通过初始化设置来激活驻车制动器。

图 19-2 BMW 屏幕冻结

方法：起动＿＿＿＿＿＿＿＿，用力踩下制动踏板，按下驻车制动器按钮（见图 19-3）约＿＿s，出现噪声属正常现象。初始化设置可能持续＿＿＿＿＿＿。只要驻车制动器再次进入工作准备就绪状态，指示灯就会＿＿＿＿＿＿。

4. 发动机机油油位不足应急检查

车辆在行驶过程中时突然提示发动机机油油位不足（见图 19-4），需进行油位检查。一般来说就是机油少了，已到达下限，可以按下面的步骤来处理：

图 19-3　驻车制动器按钮

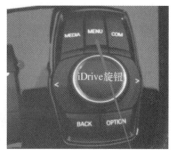

图 19-4　发动机机油油位不足

（1）安全靠边＿＿＿＿＿＿车；

（2）按下 iDrive 旋钮旁边的"MENU"按钮，打开系统主菜单，选择"车辆信息"，然后选择"车辆状态"，再进行机油油位测量，检查确认机油是否真的到＿＿＿＿＿＿了，如图 19-5 所示。

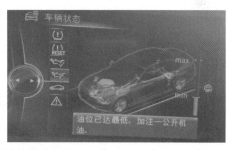

图 19-5　机油油位检测

（3）打开发动机舱,检查是否有明显的＿＿＿＿＿＿痕迹，如果能看见很明显的刚刚渗漏出的机油，则建议不能继续行驶了，因为这是渗漏造成的机油变少，根据提示加注＿＿＿＿＿＿机油。

5. 紧急识别遥控钥匙

（1）通过遥控钥匙的紧急识别功能可在下列情况下起动发动机或进入行驶就绪状态：由于＿＿＿＿＿＿，使遥控钥匙的无线电传输受干扰；遥控钥匙＿＿＿＿＿＿用完；在车辆内充电期间由于充电器故障造成无线电传输受干扰。

（2）起动发动机/激活行驶就绪状态。按住遥控钥匙上的转向柱标记（图 19-6 中箭头所示），并在_____s内，踩下_____，对于手动变速器来说还应踩下_____；按压起动/停止按钮；如果未能识别出遥控钥匙，则稍微更改遥控钥匙的位置并重复此过程。

图 19-6　转向柱标记

□ 案例分享 □

【故障现象】

一辆BMW X6，装载的是8速手自一体变速器，行驶里程为14万km。在行驶过程中，操作变速杆时变速器无反应，等待20min左右，重新起动后变速器功能又都正常。

【故障诊断】

使用故障诊断仪检测，报EGS（变速器控制模块）供电系统末级功能故障，车子故障又是偶发性出现的，根据此故障码进行的检测计划是更换变速器阀体，于是先排查一下其他可能原因，把变速器阀体放到最后一步。当时推测为供电单元或者控制单元版本的问题，初步检测供电和发电量正常，蓄电池是上个月新换的。和车主沟通了一下尝试给EGS控制单元编程升级后再试车。结果问题仍没有解决。

【故障排除】

这款8速手自一体变速器阀体控制单元发生故障后，只能更换新阀体控制单元。工程师重新编程设码后，故障排除。

【故障原因】

变速器油没有及时进行更换造成阀体出现问题。

【案例总结】

在检查判断8速手自一体变速器故障时，一般要与车主积极沟通，便于快速查询故障点，而本案例中，是阀体控制单元发生故障，大多数是需要更换新阀体控制单元的。

任务二　BMW 部分设备应急处理实操

_____学时

班级：	组别：	学员：	掌握程度： □优　□良　□及格　□不及格
实训目的	掌握 BMW 部分设备应急处理方法，快速解决问题。		
安全注意 事项	注意设备及个人安全，规范操作。		
教学组织	每辆车按 6 位学员（组长 1 人、主修 1 人、辅修 1 人、观察员 1 人、评分 1 人、质检 1 人）作业，循环操作。		
操作步骤 演示	 微课 车辆设备应急处理		

任务	作业记录内容　☑ 正确　☒ 错误
前期准备	□ 1. 护具——整车防护七件套（车外三件套——前翼子板垫/左右翼子板垫，车内四件套——转向盘套/脚垫/座椅套/变速器操作杆套），如图 19-7 和图 19-8 所示。 □ 2. 工具——车辆（以 BMW X5 为例）、世达工具、故障诊断仪（见图 19-9）。 　　 □ 图 19-7　车外三件套　　□ 图 19-8　车内四件套　　□ 图 19-9　故障诊断仪 □ 3. 耗材——清洗剂、软布（元器件拆装、检测及实训结束 6S 实施时均可用到）等。
安全检查	□ 1. 检查车辆驻车制动器是否处于制动状态，变速器挡位是否处于空挡位置。 □ 2. 在车辆前后放置车轮挡块。 □ 3. 使用车辆前，检查车辆或台架周围是否安全。 注意：操作过程中若有异常或异响，应立即停止当前作业并及时向老师汇报，不得擅自处理。

防护工作	人身防护如图 19-10 所示。车身防护如图 19-11 所示。车内防护如图 19-12 所示。 注意：安全防护要到位。    □ 图 19-10　人身防护　　□ 图 19-11　车身防护　　□ 图 19-12　车内防护
操作流程	**一、操作步骤** □ 检查蓄电池电量是否充足。 □ 对车身外观及车内进行检查，并记录。 **步骤一　解除自动变速器手制动** 当车辆出现故障时（如蓄电池被放完电或发生电气故障），无法通过正常方式解除 P 挡。此时可手动解除联锁。 **方法一　车内解除方法** □ 1．踩住制动踏板防止车辆滑动。 □ 2．使用一字螺钉旋具撬起变速杆的防尘套。 □ 3．将防尘套翻到变速杆上，如图 19-13（a）所示。 □ 4．如图 19-13（b）所示，使用螺钉旋具按压红色杆(方框处)，同时将变速杆置于所需位置（N 挡）。 □ 5．变速器锁解锁。   （a）撬起变速杆防尘套　　　　　（b）解锁位置 □ 图 19-13　车内解锁 □ 6．实施拖车。

操作流程	**方法二　从车辆底板中解锁** □ 1．抬起车辆。 □ 2．驻车制动器手动紧急解锁。 □ 3．拆卸机组防护板。 □ 4．用内六角扳手（SW5）旋入螺栓1，直至变速器被杠杆2解锁，如图19-14所示。 □ 5．务必更换新螺栓。 □ 6．用螺丝攻（M6×1.0）清洁螺栓螺纹。 □ 7．将新的密封螺栓旋入螺纹，螺栓必须突出螺纹边缘*A*（1.5～2.5mm），如图19-15所示。 1—螺栓；2—杠杆 □ **图19-14　变速器解锁** □ **图19-15　安装螺栓** **方法三　在带拉线的车辆下面解除联锁** □ 1．拆卸后部机组防护板。 □ 2．向后部压紧分离杆3。 □ 3．若希望长久解除联锁，可让分离杆松脱，即松开夹紧件，如图19-16所示。从中间开始，向两边交叉依次松开螺栓。 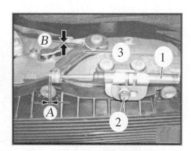1—换挡拉线；2—螺栓；3—分离杆；*A*、*B*—位移变化 □ **图19-16　松开夹紧件** □ 4．试车。 □ 5．6S整理，全车部件复原安装到位。

方法四　F01/F02 自动变速器应急开锁

□ 1．BMW 解锁与其他车不同的是需要专用的解锁工具，解锁工具位于行李箱工具箱里，如图 19-17 所示的挡把，如果没有则应准备一个。

□ 2．解锁需要将杯架里的塑料垫拿出，拿后可以看到左侧杯架下的解锁盖，按盖上的标记打开盖板，如图 19-18 所示。

□ 图 19-17　专用解锁工具

□ 图 19-18　专用解锁位置

□ 3．将专用解锁工具插入开口中，然后按①的方法顺时针旋转至极限位置，再按②的方法向下按压，如图 19-19 所示。

□ 4．下压专用解锁工具后，再旋转半圈，即可解锁，如图 19-20 所示。

操作流程

□ 图 19-19　专用解锁工具放入解锁位置

□ 图 19-20　旋转半圈即可解锁

□ 5．专用解锁工具需要一直在插座内，才能保持 N 挡状态，如图 19-21 所示。

□ 图 19-21　专用解锁工具一直插在插座内

步骤二　燃油箱加油盖紧急解锁

方法一　一般处理方法

□ 1．燃油箱盖应急解锁在电气损坏时，可以紧急解锁燃油箱加油盖。打开行李箱盖，并拆下右侧盖板，如图 19-22 所示。

□ 2. 按下图 19-23 所示按钮（或向右拧），燃油箱加油盖解锁。

□ 图 19-22　拆下右侧盖板

□ 图 19-23　解锁燃油箱加油盖

方法二　伺服电动机损毁紧急解锁燃油箱盖

□ 1. 将气垫工具推入燃油箱盖 1 和侧围之间的间隙，如图 19-24 所示。

□ 2. 将带有搭扣的胶带 1 粘贴在侧围和燃油箱盖 2 上，如图 19-25 所示。用手动泵 4 给气垫 3 充气，直到燃油箱盖 2 弹开，再撕下胶带 1。

操作流程

1—燃油箱盖；2—气垫

□ 图 19-24　推入气垫

1—胶带；2—燃油箱盖；3—气垫；4—手动泵

□ 图 19-25　紧急解锁燃油箱盖

□ 3. 6S 整理，全车部件复原安装到位。

步骤三　手动关闭玻璃天窗

□ 1. 查找对应工具：塑料板专用工具、平头螺钉旋具、内六角扳手（扳手开口度 4mm）。

□ 2. 借助塑料板专用工具小心地撬开盖板，然后用双手将盖板向下拔出，如图 19-26 所示。

□ 3. 解锁时将锁止凸耳借助平头螺钉旋具沿箭头方向继续向内按压，同时将操作设备及塑料楔小心地撬下，如图 19-27 所示。

□ 图 19-26　塑料板撬开位置

□ 图 19-27　拆下操作设备

操作流程	□ 4. 拆下操作设备，并挂在接线上。 □ 5. 如果可以，将插头从驱动单元上拔下，如图 19-28 中箭头所示。通过旋转可明显减少力消耗。 □ 6. 将内六角扳手插入规定的驱动单元开口中。 □ 7. 通过旋转内六角扳手将玻璃天窗移动到所需方向，如图 19-29 所示。 □ 图 19-28　拔下插头　　　　□ 图 19-29　移动玻璃天窗 □ 8. 取出内六角扳手。 □ 9. 重新安装盖板和操作设备。 **二、注意事项** □ 1. 车辆举升时需要注意安全。 □ 2. 应急处理过程中需保证电池电量充足。 □ 3. 注意保持实训场所的清洁。 □ 4. 一定注意四到位：防护到位，工具到位，设备到位，耗材到位。 **三、技术要求** □ 1. 根据维修手册，确定应急处理的方法。 □ 2. 注意各应急开关的位置。 □ 3. 按照 6S 管理规范进行操作，不要遗落螺栓、配件、工具等。
质检验收	□ 检查车辆部件在应急处理后，是否有损坏。　　　　　　　是 □　否 □ □ 同客户试车确认。　　　　　　　　　　　　　　　　　　是 □　否 □ □ 检查仪表是否有报警灯亮。　　　　　　　　　　　　　　是 □　否 □ □ 与实训工单对照检查实训项目是否全部完成。　　　　　　是 □　否 □ □ 检查工具、设备是否遗漏在车上。　　　　　　　　　　　是 □　否 □
检查与评估	
6S 管理规范 （教师点评）	□ 整理　□ 整顿　□ 清扫　□ 清洁　□ 素养　□ 安全
成绩评定 （学生总结）	小组对本人的评定：□ 优　□ 良　□ 及格　□ 不及格 学生本次任务成绩：□ 优　□ 良　□ 及格　□ 不及格

专业考核评分表——BMW 部分设备应急处理实操

班级：		组别：	组长：	日期：		
技术标准：应急处理方法及规范						
序号	作业项目	考核内容	考核标准	分值	扣分	得分
1	准备环节	正确选用工具	选错 1 次扣 1 分	5		
2		正确使用工具	用错 1 次扣 1 分	5		
3	检查及处理环节	检查蓄电池电量是否充足	未检查扣 10 分	10		
4		车身外观及车内是否检查，并记录	未执行扣 10 分	10		
5		是否按实训工单要求去实操	未按实训工单操作，每缺 1 项扣 2 分	10		
6		是否有强拆或野蛮操作	强拆或野蛮操作 1 次扣 5 分	10		
7		拆卸部件摆放是否整齐、规范	不规范扣 10 分	10		
8		是否解锁或完成项目实操	1 个项目未完成扣 2 分	10		
9		处理后是否恢复	未恢复或未按 6S 管理规范处理均扣 10 分	10		
10		结束是否按 6S 管理规范处理		10		
11	项目实训时间		0～15min 10 分 >15～19min 5 分 >19min 0 分	10		
质检员：			评分员：	合计得分		

教师点评：

团队合作：优秀 □ 良好 □ 及格 □ 　　分工明确：优秀 □ 良好 □ 及格 □

专业标准：优秀 □ 良好 □ 及格 □ 　　操作规范：优秀 □ 良好 □ 及格 □

教师签字： 　　　　　　　　　　　　　　　　　年　月　日

注：实训未按规范操作，导致出现设备损坏或人身伤害，本次考核记 0 分。

实训项目二十 BMW 专用设备规范操作

任务一 BMW 专用工具认知

______学时

班级：	组别：	姓名：	掌握程度： □优 □良 □及格 □不及格

一、工作任务

1. 掌握 BMW 专用工具使用方法。
2. 熟悉 BMW 节气门的拆装、清洗及初始化。

二、任务认知

对照图 20-1～图 20-13，填写 BMW 专用工具的名称。

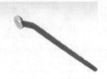

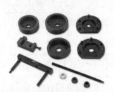

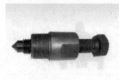

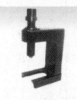

（a）CB A1198 BMW MINI COOPER 曲轴支挡____器

（b）HCB A1201 BMW X5____橡胶支座拆装工具组

（c）HCB A1204 BMW 冷气压缩机____离合器拆卸器

（d）HCB A1206 BMW E39____拆装卸器

图 20-1 BMW 专用工具（1）

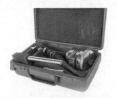

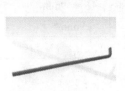

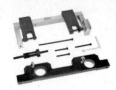

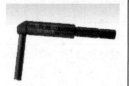

（a）JTC-1557BMW（E46）后____铁套拆装工具组

（b）HCB A1216BMW 仰角____撑开器（L 型）

（c）宝马 N20/N26 专用正时工具

（d）HCB A1245 BMW（M47T2/M54）____工具组

图 20-2 BMW 专用工具（2）

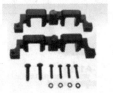

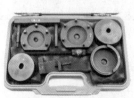

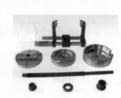

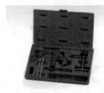

（a）HCB A1250 BMW（S85）____正时工具组（M5）

（b）BMW 变速器____座拆装器（X3/X6/X5）

（c）HCB A1258 BMW（E52）后____铁套拆装工具组

（d）HCB A1262BMW（M47）柴油____正时工具组

图 20-3 BMW 专用工具（3）

 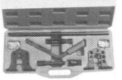  

（a）HCB A1027 2 BANZ_____拆
装工具组

（b）HCB A2116
免拆式凡尔钳

（c）HCB B1250
BMW（S85）____插销

（d）HCB B1253BMW 铝合
金轮轴垫块

图 20-4　BMW 专用工具（4）

（a）HCB C1168BME（E30/E36）
三脚架____
拆装工具组

（b）HCB C1250 BMW（S85）
VANOS CAMSHAFT___
量规

（c）HCB D1250 BMW（S85）
VANOS CAMSHAFT
____量规

（d）HCB E1250 BMW（S85）
VANOS 凸轮轴
套筒

图 20-5　BMW 专用工具（5）

（a）HCB S85 BMW
（S85）____正时工具组

（b）安装和拆卸宝马
N14/N18/N20/N26/N43/S63
发动机____嘴

（c）BMW 宝马 E90N42N46
发动机正时+平衡轴固定、
拆弹簧工具

（d）HCB A1156 8
BMW（N4）____
固定架

图 20-6　BMW 专用工具（6）

（a）HCB A1156 9 BMW
____拆装托架

（b）HCB A1156 10 BMW
____前凸轮固定座

（c）宝马 N51/N52/N53/N54/N55
正时全套综合工具

（d）HCB C1156 BMW
（N42/N46）____工具组

图 20-7　BMW 专用工具（7）

（a）HCB A1185 BMW
____轴固定工具

（b）BMW（N51/N52
/N52K）____插销

（c）宝马 N13/N20/N52/N55 发动机
____扭转弹簧拆装工具

（d）宝马 N20/N26 发动机
____泵平衡轴专用工具

图 20-8　BMW 专用工具（8）

（a）BMW 正时+拆____+
平衡轴固定____工具

（b）HCB B1292
BMW（N45/N46T）____正时
工具（新型）

（c）用于拆卸和安装宝马发动机
正时机构，固定____和曲轴，
保证发动机正时无误

（d）用于拆卸和组装进气和
____气凸轮轴用于将____轴
固定到上止点（TDC）位置

图 20-9　BMW 专用工具（9）

（a）HCB A1100 BMW____
5HP18 专用套筒

（b）HCBA1101 BMW 变速器
5HP30/24 专用套筒

（c）快速拆卸安装____专用
磁性火花塞套筒

（d）BMW 发动机____
拆卸专用工具

图 20-10　BMW 专用工具（10）

（a）HCB A1130____
拆装器

（b）HCB A1132 差速器后
____铁套拆装器

（c）HCB A1133 曲轴
____扳手

（d）HCB A1365
链条____器

图 20-11　BMW 专用工具（11）

（a）适用于阀门密封和气门油封的
安装和拆卸（不用拆缸盖即
可更换气门油封）

（b）HCB A1138
BMW 38____拆卸工具组

（c）HCB A1139
BMW____夹

（d）HCB A1153
工字梁后横梁____铁
套拆装工具组

图 20-12　BMW 专用工具（12）

（a）HCB B1 154 后三角架铁套
拆装工具组

（b）HCB A1156 5 BMW
进排气____固定座

（c）HCB A1156 BMW
N42/N46 正时工具组

（d）BMW
风扇____

图 20-13　BMW 专用工具（13）

□ 案例分享 □

【故障现象】

车辆无法启动时，钥匙无法打开二挡，全车不供电；车辆能起动时（偶尔），不能独立
开启二挡。

【故障诊断】

1. 通过图 20-14 所示起动机控制原理可知，车辆无法成功开启钥匙 15 端子（点火开关
控制的火线），采用宝马专用故障诊断仪读取故障内容及获取 ISTA 指导建议，但车辆无法开
启 15 端子，故无法进行诊断识别。

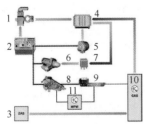

1—智能型蓄电池传感器；
2—蓄电池；
3—点火开关 ZAS；
4—数字式发动机电子伺控系统；
5—发电机；
6—起动电动机；
7—起动电动机继电器；
8—后分电器包括 KL30g 继电器；
9—前分电器；
10—便捷进入及起动系统（CAS）；
11—微型供电模块（MPM）。

图 20-14　起动机控制原理图

2. 只好采用对诊断口 1 号和 16 号线脚号进入特定模式诊断。

3. 采用宝马专用故障诊断仪 ISTA 读取 DTC ，代码多数为模块蓄电池低电压故障，没有实质性模块相关故障。

4. 更换蓄电池后同样不能开启 15 端子，无法注册，蓄电池故障依旧。

5. 把蓄电池负极线拔掉，第二天清晨连接蓄电池后，车辆能起动，但是不能独立打开 15 端子；起动 10min 左右后熄火，车辆故障再次发生，即不能启动车辆和开启 15 端子。

6. 根据上述现象检查 CAS 是否正常工作和车身模块是否被唤醒。

━━━━━●━━━ 【故障排除】 ━━━●━━━━━

1. 把 CAS 模块换到同款车型上，则工作正常。检测 CAS K-CAN 高低工作电压都符合标准值。

2. 变速器 P/N 信号电压符合标准值。

3. 根据上述检查结果分析 CAS 是否有故障，检测 CAS 15WUP（15WUP 为唤醒导线，能够将控制单元从休眠模式或省电模式恢复到正常运行状态）唤醒线电压为 9V，其工作电压低于标准值，造成 CAS 不能唤醒车身模块。

4. 使用宝马专用故障诊断仪 ISTA 调取 CAS 防盗系统的唤醒电路图，根据电路图查找本线路上参与工作的必要模块，对其逐一排查。

5. 使用排除法逐一断开易拆除断开的模块，使用 IMIB2 示波器逐一观察 CAS 15WUP 工作电压是否恢复到 12V 电压。

6. 在行李箱断开蓄电池电源管理器 IBS-15WUP 插头时，发现 CAS 15WUP 工作电压突然从 9V 变到 12V。

7. 更换了蓄电池电源管理器，车辆故障成功排除。

━━━━━●━━━ 【故障原因】 ━━━●━━━━━

本车在断开电源管理 IBS 唤醒线后，系统电压 12V 正常。起动开关正常开启 KI.15 挡位。（车辆在停滞几小时后能起动，IBS 内部模块电阻器受工作温度升高而变化，导致 WUP 对地短路）。

━━━━━●━━━ 【案例总结】 ━━━●━━━━━

在更换蓄电池过程中，维修企业未有专用检测设备和检测工具，对车辆进行蓄电池更换时，无法按照厂家要求对新蓄电池进行注册，导致 IBS 不能有效地根据新旧蓄电池电压电流管理，最终 IBS 工作不稳定导致损坏。建议车主选择正规车辆维修企业。

任务二　BMW 节气门清洗与初始化设置

_____学时

班级：		组别：		姓名：		掌握程度： □优　□良　□及格　□不及格
实训目的	掌握节气门的拆装、清洗及初始化方法。					
安全注意 事项	注意设备及个人安全，规范操作。					
教学组织	每辆车按 6 位学员（组长 1 人、主修 1 人、辅修 1 人、观察员 1 人、评分 1 人、质检 1 人）作业，循环操作。					
操作步骤 演示	微课 节气门清洗与 初始化设置（一） 　微课 节气门清洗与 初始化设置（二）					
任务	作业记录内容　☑ 正确　☒ 错误					
前期准备	□ 1. 护具——整车防护七件套（车外三件套——前翼子板垫/左右翼子板垫，车内四件套——转向盘套/脚垫/座椅套/变速器操作杆套），如图 20-15 和图 20-16 所示。 　 前翼子板垫　左右翼子板垫　　转向盘套　座椅套　脚垫　变速器操作杆套 □ 图 20-15　车外三件套　　□ 图 20-16　车内四件套					

前期准备	□ 2. 工具——车辆、世达工具、故障诊断仪（见图 20-17）、BMW 拆装专用工具等。 □ 3. 耗材——BMW 电子节气门（见图 20-18）、化油清洗剂、高压气源等。 □ 图 20-17 故障诊断仪　　　□ 图 20-18 BMW 电子节气门
安全检查	□ 1. 检查车辆驻车制动器是否处于制动状态，变速器挡位是否处于空挡位置。 □ 2. 在车辆前后放置车轮挡块。 □ 3. 使用车辆前，检查车辆或台架周围是否安全。 注意：使用过程中若有异常或异响，应立即停止当前作业并及时向老师汇报，不得擅自处理。
防护工作	人身防护如图 20-19 所示。车身防护如图 20-20 所示。车内防护如图 20-21 所示。 注意：安全防护要到位。 □ 图 20-19 人身防护　　□ 图 20-20 车身防护　　□ 图 20-21 车内防护
操作流程	一、操作步骤 □ 1. 连接 BMW 专用故障诊断仪，打开点火开关，读取故障码，检测节气门的数据流，如图 20-22 所示。 □ 图 20-22 连接专用故障诊断仪

□ 2. 读取数据流为2.3°（应小于1°），而踏板位置为0，则判断为不正常（为积炭），如图20-23所示。

□ 3. 拆下发动机装饰罩，如图20-24所示，然后用气枪吹净发动机外部灰尘。

□ 图20-23　读取数据流　　　　　□ 图20-24　发动机舱

□ 4. 松开进气管与节气门体弹簧卡销，取下进气管，如图20-25和图20-26所示。

操作流程

□ 图20-25　松开弹簧卡销　　　　□ 图20-26　取下进气管

□ 5. 打开空气滤清器的外壳，取出空气滤清器，如图20-27所示。取下进气管道（节气门前段的管道）。

□ 图20-27　取下空气滤清器

□ 6. 松开节气门体4个固定螺栓，取下节气门体，如图20-28所示。

操作流程	□ 7. 打开节气门（见图 20-29）。用化油清洗剂对准节气门四周清洗，注意电子元件一定朝上，避免清洗剂流入损坏电子设备，如图 20-30 所示。 □ 8. 最后用高压气体吹净节气门体，如图 20-31 所示。   □ 图 20-28　节气门体　　　　□ 图 20-29　打开节气门   □ 图 20-30　清洗节气门体　　　□ 图 20-31　高压气体吹净节气门体 □ 9. 按与拆卸相反的顺序装好节气门。 □ 10. 初始化的方法：挂至仪表指示灯全亮的挡位，等待 20s 后，踩加速踏板到底，保持 10s 左右后，松开加速踏板，关闭点火开关，拔出钥匙，初始化就完成了。 □ 11. 使用专用故障诊断仪读取数据流，然后分析判断。 如带 VALTRANIC（带电子气门）：怠速状态节气门开度正常为3%～5% （如果小于 3%说明混合气过稀，节气门有关小的趋势；如果大于 5%一般说明节气门很脏，要清洗，或者说明混合气过浓，节气门有开大的趋势）。 如果不带 VALTRANIC：怠速状态节气门开度正常为2%～3%，超过 3.5%说明节气门很脏，要清洗。 □ 12. 试车，检查车辆工作情况，是否容易起动，起动后怠速是否抖动。 □ 13. 6S 整理，全车部件复原安装到位。 **二、注意事项** □ 1. 各步骤按照实训工单的要求操作。 □ 2. 注意人身和车身防护。 □ 3. 注意新配件型号检查，并进行新、旧配件外观对比。 □ 4. 注意安装前对发动机舱的清洁。

操作流程	**三、技术要求** □ 1．根据维修手册，确定节气门连接螺栓的安装力矩。 □ 2．防止节气门安装后出现漏气。 □ 3．按照 6S 管理规范进行操作，注意不要遗落螺栓、配件及工具等。		
质检验收	□ 起动发动机，检查发动机是否抖动。 □ 同客户试车确认。 □ 检查仪表是否有报警。 □ 与实测工单对照检查项目的完成情况。 □ 检查工具、设备是否有遗漏在车上。	是 □ 否 □ 是 □ 否 □ 是 □ 否 □ 是 □ 否 □ 是 □ 否 □	
检查与评估			
6S 管理规范 （教师点评）	□ 整理　　□ 整顿　　□ 清扫　　□ 清洁　　□ 素养　　□ 安全		
成绩评定 （学生总结）	小组对本人的评定：□ 优　□ 良　□ 及格　□ 不及格 学生本次任务成绩：□ 优　□ 良　□ 及格　□ 不及格		

专业考核评分表——BMW 节气门清洗与初始化设置

班级：		组别：		组长：	日期：		
技术标准：1. 节气门的拆装方法；2. 节气门的清洗方法；3. 节气门初始化方法							
序号	作业项目	考核内容	考核标准		分值	扣分	得分
1	准备环节	正确选用工具	选错 1 次扣 2.5 分		5		
2		正确使用工具	用错 1 次扣 2.5 分		5		
3	拆装及清洗节气门环节	连接宝马专用诊断仪与 BMW 诊断座	按照流程规范操作，错 1 次扣 2.5 分		5		
4		读取节气门的故障码或数据流			10		
5		拆卸发动机装饰罩			5		
6		拆卸进气管			5		
7		拆卸空滤及节气门总成			5		
8		清洗及吹净节气门的脏污			5		
9		检查清洗后，进行初始化			10		
10		安装节气门			5		
11	故障诊断仪检测环节	读取节气门在怠速时的开度大小	按照流程规范检测，错 1 次扣 2.5 分		10		
12		试车检查起动是否正常			10		
13		检查怠速是否正常，加速是否正常			5		
14		恢复现场，整理工具			5		
15		项目实训时间	0～10min　　10 分 >10～12min　　8 分 >12～14min　　5 分 >14min　　0 分		10		
质检员：		评分员：			合计得分		

教师点评：

团队合作：优秀 □ 良好 □ 及格 □　　　　分工明确：优秀 □ 良好 □ 及格 □
专业标准：优秀 □ 良好 □ 及格 □　　　　操作规范：优秀 □ 良好 □ 及格 □

教师签字：　　　　　　　　　　年　月　日

注：实训未按规范操作，导致出现设备损坏或人身伤害，本次考核记 0 分。